ESQUISSE D'UNE ÉVOLUTION

DANS

L'HISTOIRE DE LA PHILOSOPHIE

ESSAIS

PAR

NICOLAS KOSTYLEFF

PARIS
FÉLIX ALCAN, ÉDITEUR
ANCIENNE LIBRAIRIE GERMER BAILLIÈRE ET Cie
108, BOULEVARD SAINT-GERMAIN, 108

1903
Tous droits réservés.

– ESQUISSE D'UNE ÉVOLUTION

DANS

L'HISTOIRE DE LA PHILOSOPHIE

ESQUISSE D'UNE ÉVOLUTION

DANS

L'HISTOIRE DE LA PHILOSOPHIE

PARIS. — IMPRIMERIES CERF
12, Rue Sainte-Anne, 12

ESQUISSE D'UNE ÉVOLUTION

DANS

L'HISTOIRE DE LA PHILOSOPHIE

ESSAIS

PAR

NICOLAS KOSTYLEFF

PARIS
FÉLIX ALCAN, ÉDITEUR
ANCIENNE LIBRAIRIE GERMER BAILLIÈRE ET Cⁱᵉ
108, BOULEVARD SAINT-GERMAIN, 108
—
1903
Tous droits réservés.

ESQUISSE D'UNE ÉVOLUTION

DANS

L'HISTOIRE DE LA PHILOSOPHIE

CHAPITRE I

CRITIQUE DES ÉTUDES HISTORIQUES DANS LE DOMAINE DE LA PHILOSOPHIE

Le XIXe siècle a été une belle période de production scientifique pendant laquelle toutes les branches des connaissances humaines ont eu un prodigieux développement. La philosophie également a pris un nouvel essor grâce à l'appui des sciences positives, en premier lieu de la psychologie et de la physiologie. Cependant, tandis que les sciences positives gagnent de jour en jour sur l'inconnu du monde, et que les progrès en sont nettement marqués, la philosophie reste un terrain vague sur lequel l'humanité semble, au premier abord, marcher encore à tâtons. Malgré toute la variété et toute la profondeur des théories philosophiques émises jusqu'à nos jours, aucune ne s'est imposée comme la seule vraie. Nous pouvons même dire plus : aucune n'a pu donner à l'humanité l'illusion quelque peu durable de connaître la vérité définitive. Cela s'explique par ce fait que toutes sont incomplètes et, d'un autre côté, que l'humanité, n'ayant pas une idée claire et précise du caractère que doit offrir le terme final de ses recherches, ne se rend pas compte à quelle étape du chemin elle se trouve. Elle ne voit pas les progrès réellement accomplis par sa pensée et croit toujours reprendre par le commencement l'éternel problème, pour arriver à la même désillusion devant l'insuffisance de son effort. Elle ne peut pas apprécier la valeur du résultat, ne voyant pas la réelle continuité de tous les efforts faits, pendant des siècles, par sa pensée vers la connaissance de l'Être.

Il en résulte un grand étonnement chez celui qui, pour la première fois, se plonge dans l'étude de la philosophie, devant la prodigieuse variété des doctrines qu'elle contient. Qu'y a-t-il de commun entre Thalès proclamant l'eau principe du monde, Pythagore qui cherche l'identité des choses dans les combinaisons mathématiques, et les épicuriens qui voient dans la jouissance le but de toute existence individuelle et même celui de l'univers ? En les voyant si différentes, l'esprit superficiel ou désabusé par l'insuccès, renonce à les concilier et s'habitue à choisir celles qu'il comprend le mieux, pour y puiser les conclusions qu'il préfère. Telle est la méthode de l'éclectisme. Mais devant le flot ininterrompu d'hypothèses nouvelles, qui cherchent à percer, tantôt d'un côté, tantôt d'un autre, le grand mystère de la vie, on en arrive de nos jours à douter de la valeur objective de la philosophie. Peut-être, ce flot est-il sans fin, peut-être la philosophie n'est-elle qu'un jeu de l'esprit ou, tout au plus, qu'une sorte de « poésie de l'idéal » ? Telle devait être, inévitablement, la conclusion finale de tous ceux qui ne voyaient dans la philosophie qu'une série d'efforts individuels de l'esprit humain sans lien entre eux. Heureusement, des savants plus profonds ne se sont pas laissé rebuter par les difficultés de la tâche et ont essayé de trouver un rapport entre les systèmes philosophiques qui, au premier abord, paraissaient totalement différents. Il est évident que ceux qui ont cherché à étudier l'histoire de la philosophie dans son ensemble, sans y faire un choix de doctrines, ont tous, plus ou moins, suivi cette tendance en établissant des périodes caractérisées d'une manière générale. Cependant, cette division en périodes ne donnait pas encore de critérium qui pût expliquer la transition de l'une à l'autre, car chacune d'elles étant caractérisée par le trait extérieur le plus saillant, comme par exemple le « naturalisme » de l'école ionienne, l' « idéalisme » de Platon, etc., leur succession paraissait être un effet du hasard. Du reste, cette division rudimentaire domine jusqu'à présent dans les manuels de l'histoire de la philosophie, et l'élève qui apporte quelque intérêt sérieux à ses études, doit forcément se demander pourquoi l'humanité a préféré aux mythes poétiques et profonds de Platon, la dialectique plus abstraite d'Aristote, puisque ni l'une ni l'autre ne pouvaient lui donner la vérité définitive.

C'est Hegel qui, le premier, essaya de découvrir, sous cette succession de périodes, l'action d'une loi de la pensée humaine. D'autres penseurs ont refait depuis la même tentative, mais aucun n'a pu donner une définition aussi précise dans son abstraction que la sienne. C'est pourquoi elle est à la fois très difficile à comprendre, profondément vraie quand on en a saisi le sens, et insuffisante pour embrasser toute la réalité de la question. Il faut la juger dans l'ensemble de sa conception philosophique, car, pour Hegel, la succession des doctrines est déterminée par le même principe du développement dialectique qu'il voit dans tout l'univers.

N'oublions pas que, dans son système, c'est l'esprit qui constitue la seule réalité de l'Être, dont la matière n'est qu'un épiphénomène. Mais comme il arrive à ce point de vue par une déduction logique, sans pouvoir lui donner une base expérimentale et scientifique, son monisme se trouve incomplet et insuffisant pour expliquer le mystère de la vie. Il conçoit la matière comme le résultat de la « différenciation » de l'esprit (« Der Geist in der Form des Andersseyns »), mais ne pouvant pas sonder le fond biologique de ce processus, il se voit obligé, pour l'exprimer, de le réduire à un de ses éléments, à la loi logique du développement par thèse, antithèse et synthèse; c'est-à-dire, il ne voit, dans tout l'univers, que l'aspect intellectuel de l'Être, sans en saisir la vie intérieure, l'aspect biologique. Le même défaut de base positive rend insuffisante sa conception de l'évolution des doctrines philosophiques. Lorsqu'il dit[1] que l'unité simple et primitive de l'esprit se développe, dans les êtres humains, par l'opposition du « moi » au « non-moi », que cette opposition grandit jusqu'à devenir l'abîme qui paraît séparer la pensée de la matière, mais qu'une connaissance plus profonde de ces deux extrêmes doit finalement amener leur rapprochement mutuel et l'avènement d'une nouvelle unité non plus instinctive, mais raisonnée, Hegel entrevoit la possibilité logique de

---

[1]. Hegel, *Philosophie de la nature*, p. 246.

cette connaissance réelle des choses, mais il ne peut pas en définir le caractère concret. Il dit que ce troisième degré de la connaissance (« das begreifende Erkennen ») sera le milieu entre l'abstraction pure de la pensée et l'immédiation des sens, mais au fond il le devine plutôt qu'il ne le définit, car, de son temps, l'abîme scientifique entre le corps et l'esprit était encore trop grand pour qu'il pût en exprimer l'unité autrement qu'en des termes très vagues. Il ne saisit donc de toute l'évolution possible de la philosophie que la loi logique du développement dialectique, qui en constitue indubitablement un élément nécessaire, mais qui ne suffit pas pour expliquer le caractère, ni le terme final de cette évolution. C'est pourquoi sa conception du développement de la philosophie, réduite à une loi logique, au lieu de recevoir une explication biologique, s'est trouvée aussi incomplète et insuffisante que tout son système de monisme.

Cependant, son idée n'a pas été abandonnée. Zeller, le savant auteur de la *Philosophie des Grecs*, entreprit de corriger ce que la conception hegelienne avait de trop exclusivement logique et abstrait. « Si la doctrine hegelienne de la construction », dit-il dans son Introduction à cette œuvre, « est mal fondée, ce n'est pas une raison pour en revenir, purement et simplement, à ce pragmatisme peu scientifique, qui ne voit, dans les diverses philosophies, qu'une série d'efforts individuels, sans lien entre eux. » (*Ph. des Grecs*, 4ᵉ éd., v. I, p. 3.) Seulement la tâche, qu'il avait entreprise, de compléter et de développer la pensée de Hegel, était très difficile. Hegel a senti intimement la continuité du développement de la conscience humaine, mais les termes scientifiques lui ont manqué pour l'exprimer. C'est pourquoi il a été forcé de réduire cette unité biologique à la loi logique qui en constitue un élément partiel. Cette définition était incomplète, mais non pas fausse. Zeller s'est bien rendu compte de ce défaut, mais en la dépouillant de son sens étroit et abstrait, il n'a réussi qu'à la rendre plus vague et interminée.

D'après lui, « l'esprit... mettant en œuvre les connaissances dont il dispose, débute par l'invention d'un certain nombre d'idées qui arrivent à se grouper autour d'une thèse précise et universelle. Cette thèse n'a pas, effectivement, la généralité qu'elle s'attribue. Alors l'esprit, sollicité à la réaction, invente d'autres idées, qui se groupent autour d'une antithèse. L'antagonisme qui existe désormais étant contraire à l'idéal d'unité, qui est le mobile du travail philosophique, l'esprit invente une forme supérieure où se puissent réconcilier la thèse et l'antithèse, c'est-à-dire une synthèse. Ainsi, sélection des doctrines conséquentes avec elles-mêmes et conformes à la vérité déjà réalisée; développement et organisation harmonieuse de ces doctrines survivantes : telle est la loi générale qui tend à se réaliser de plus en plus dans l'évolution historique. Cette évolution n'est donc autre chose qu'un établissement progressif d'un règne de la vérité [1]. » Mais comme le point de départ et le but final de cette évolution étaient empiriquement indémontrables, Zeller a conclu qu'elle était sans commencement ni fin. Il la comprend comme « l'action et la réaction méthodiques de deux forces opposées ». C'est ainsi, dit-il, « que la culture libre et intellectuelle du sol que nous lègue le passé, y dépose les germes des créations nouvelles. Et comme ces créations à leur tour sont l'œuvre d'une libre nécessité, elles portent en elles, avec l'imperfection de l'être particulier, la tendance vers un développement intérieur. » « Pour Zeller, dit M. Boutroux, la nature des choses ne comporte qu'un progrès indéfini, où, de plus en plus, la liberté se détermine et la vérité se réalise sans que jamais la première fasse entièrement place à la seconde. » Il est évident qu'au temps où Zeller écrivait son livre, l'état des connaissances psychologiques et physiologiques ne permettait pas de voir nettement le commencement

---

1. Zeller, *Philosophie des Grecs*. Introduction de M. Boutroux à sa traduction, p. LXI.

ni la fin de cette évolution, mais il a eu le tort d'en conclure qu'ils n'existaient pas. Aussi, sa *Philosophie des Grecs*, qui a le double mérite d'être une œuvre d'une érudition historique très profonde et un essai d'exposer cette histoire comme une évolution, a-t-elle néanmoins, à nos yeux, le défaut capital de confirmer en nous cette incertitude sur l'avenir et sur le but de la philosophie, qui naît de la grande variété de ses doctrines Car, au fond, si cette évolution n'a pas de fin, si nous sommes entraînés par les sauts méthodiques de notre pensée, sans avoir l'espoir d'atteindre la réalité définitive, peut-être en sommes-nous encore si loin que la philosophie n'est-elle qu'un jeu de l'esprit sans aucun but sérieux? Si la définition hégelienne était incomplète et ne montrait qu'un côté du processus biologique que présente le développement de la conscience humaine, la tentative de Zeller, caractérisée par le même défaut de base scientifique, n'a abouti qu'à la rendre plus vague et indéterminée.

Cependant, la pensée humaine s'était de plus en plus éloignée de Hegel. L'insuffisance de la méthode déductive et abstraite avait produit une vaste réaction vers l'étude des sciences positives, et le développement prodigieux de ces dernières fit conclure à Auguste Comte que désormais l'humanité n'aurait plus besoin d'hypothèses métaphysiques, étant sûre d'arriver à la connaissance de la réalité par une voie expérimentale et inductive. La question de la continuité des doctrines métaphysiques ne présentait plus le même intérêt pour les adeptes du positivisme, puisque, selon Auguste Comte, l'humanité devait passer par trois étapes de son développement intellectuel : l'état théologique, l'état métaphysique et l'état positif; et que, par conséquent, les doctrines philosophiques du passé n'avaient pas plus de valeur réelle que les conceptions religieuses, tandis que dans l'avenir le rôle de la philosophie positive devait se réduire à l'unification des résultats obtenus par la science. Mais quelque rapides qu'aient été les progrès scientifiques, les prévisions d'Auguste Comte ne se sont pas réalisées, car l'inconnu du monde étant infiniment plus grand que le domaine de la science, l'humanité ne pouvait pas se résigner à attendre le résultat définitif, reculé dans un avenir indéterminé, en renonçant aux hypothèses métaphysiques. D'un autre côté, le positivisme ayant fait ressortir l'idée de l'évolution dans toutes les branches des connaissances humaines, l'apparition d'une nouvelle synthèse philosophique devait nécessairement faire naître le désir de la rattacher aux essais métaphysiques du passé. Deux interprétations de cette idée se sont trouvées possibles, d'accord avec les deux principales directions prises par ce nouveau développement de l'esprit philosophique. Les partisans de l'indéterminisme qui admettaient une certaine contingence dans la vie et dans la pensée, comprenaient l'évolution de la philosophie comme la fluctuation de la pensée entre plusieurs oppositions. C'est ainsi que M. Renouvier, tout en niant la possibilité d'une classification où les doctrines puissent entrer toutes comme les moments d'un développement et les parties d'un tout organique [1], a cru pouvoir les classer par leurs oppositions en commençant par la plus ancienne ou la plus importante. Dans son essai d'une classification systématique des doctrines philosophiques, il s'arrête aux oppositions suivantes : 1° la chose — l'idée ; 2° l'infini — le fini ; 3° l'évolution — la création ; 4° la nécessité — la liberté ; 5° le bonheur — le devoir ; 6° l'évidence — la croyance.

Si nous envisageons ces problèmes au point de vue logique, nous verrons que la solution de tous les autres dépend de la manière dont sera résolu le quatrième, que constitue l'opposition de la nécessité et de la liberté. M. Renouvier ne voyant pas de preuves suffisantes pour conclure au déterminisme universel, admet une contingence des phénomènes de la vie, qui exclut l'idée d'une loi biologique et ne lui laisse que sa propre expérience comme crité-

---

1. Ch. Renouvier, *Esquisse d'une classification systématique des doctrines philosophiques*, 1885.

rium des autres problèmes. Il s'en suit que non seulement la solution de chaque problème, mais leur choix même dépend d'un critérium aussi changeant et aussi différent selon les personnalités, qu'est la pensée individuelle. Quoi d'étonnant alors que quinze ans plus tard, dans les *Dilemmes de la métaphysique pure* (1900), M. Renouvier lui-même en ait modifié le nombre et la définition ? Il a retranché tout à fait les deux derniers comme appartenant à la psychologie et à la morale, en ajoutant aux quatre premiers celui de l'inconditionné et du conditionné et en substituant à l'antithèse exprimée par l'idée celle de la personne, et à l'opposition de l'évolution et de la création, celle de la substance et de la loi. Toutes ces oppositions constituent certainement des moments de l'évolution intellectuelle de l'humanité, mais du point de vue de M. Renouvier, qui les subordonne toutes au principe de l'indéterminisme, la pensée humaine paraît flotter de l'une à l'autre sans révéler aucune loi régulière d'évolution, qui puisse expliquer le sens de ce phénomène et indiquer le terme final auquel il doit aboutir : c'est pourquoi les études très profondes de M. Renouvier n'ont pas éclairci les ténèbres qui cachent l'origine et le développement de la conscience humaine. Si les indéterministes finissent par perdre l'idée même de l'évolution, les partisans du déterminisme, d'un

autre côté, n'arrivent pas à la développer et à la
définir autrement que par de vagues analogies.
Selon M. Fouillée, la synthèse organique est possible
et se fait progressivement. Il a soutenu que le développement de la pensée philosophique se fait par la
voie de la sélection des systèmes, qui fait triompher
finalement celui « qui a su concilier en soi les
vérités et qualités positives des systèmes inférieurs
en y ajoutant de nouvelles vérités et de nouvelles
qualités qui sont pour lui de nouvelles forces
vitales [1] ». En établissant cette loi M. Fouillée
s'appuie sur l'analogie avec la sélection des espèces,
par laquelle survit l'espèce qui résume en soi les
espèces inférieures, avec leurs qualités essentielles
et leur idéal essentiel. Mais la sélection des espèces
animales se fait pour ainsi dire instinctivement et
se trouve réglée par une loi d'un déterminisme
absolu, et cette analogie, sans être contestable, est
certainement insuffisante pour expliquer la marche
progressive de l'esprit humain : M. Fouillée qui a
toujours défendu la cause du déterminisme et le
principe de la causalité (tout dernièrement encore
dans la conclusion de son *Histoire de la philosophie*, pp. 566, 567), ne peut pas douter qu'appliquée
à la pensée humaine, cette analogie ne cache également une loi et un processus d'évolution qu'il

---

1. A. Fouillée, *Avenir de la métaphysique*, p. 134.

s'agit de découvrir. Cependant personne jusqu'à présent n'est arrivé à l'établir. Les uns, comme M. Renouvier, désespèrent de trouver un principe capable « de porter l'édifice de la philosophie élevée comme science par la méthode synthétique[1] » et concluent même à l'éclectisme. D'autres, comme M. Lange, vont plus loin et finissent par nier totalement la valeur scientifique de la philosophie qu'ils réduisent à une sorte de « poésie de l'idéal ». Ceux-là même, comme M. Fouillée, qui se sont le plus opposés à ce nouveau courant d'idées et se sont faits les défenseurs de la philosophie comme science, apportent plus de croyance que de preuves positives à l'appui de leurs théories. Toutefois les partisans du déterminisme ne doutent pas que dans l'ordre psychique de la nature règne une causalité aussi absolue, sinon aussi facile à découvrir, que dans l'ordre physique, puisque ces deux ordres de faits se réduisent à la même réalité universelle. Seulement ils ne voient pas la possibilité de réduire cette causalité à une loi régulière d'évolution que le manque de connaissances expérimentales paraît leur cacher jusqu'à présent.

Devant la prodigieuse variété des doctrines du passé et le flot toujours montant d'hypothèses nouvelles, l'esprit humain se trouve réduit actuel-

---

[1]. Ch. Renouvier, *Histoire et solution des problèmes métaphysiques*, 1901, p. 431.

lement à l'alternative suivante : se fier au simple bon sens et reprendre par le commencement la solution de l'éternel problème, comme font les indéterministes, ou bien attendre, avec les partisans du déterminisme, que quelque fait nouveau d'observation et d'expérience découvre la loi qui détermine la sélection des systèmes, et qui fait qu'un système succède à un autre en vertu de la même nécessité logique et philosophique, qui se manifeste dans les phénomènes physiques. A ce dernier point de vue il faut donc admettre la possibilité, et peut-être même la nécessité de la tentative que nous allons faire, de découvrir cette loi en nous basant sur un fait d'observation tout nouveau et qui paraît nous mettre sur une voie encore inexplorée.

CHAPITRE II

NOTRE POINT DE VUE

Jusqu'à présent, les savants ont employé tous leurs efforts à faire ressortir la valeur de chaque doctrine en rapport avec son origine et avec l'influence qu'elle a eue sur le développement de la philosophie. Ils ont tâché de montrer ce que chaque doctrine a *donné* à l'humanité, et d'expliquer comment un système philosophique se trouve déterminé ou complété par un autre. Nous avons également commencé par étudier, à ce point de vue, l'histoire de la philosophie, pour arriver finalement à la conclusion suivante : malgré tout ce qu'elles ont donné, malgré leur valeur respective, toutes ont été également insuffisantes pour exclure les autres et pour fixer l'orientation de la pensée humaine. Cependant, certaines conceptions philosophiques, comme celles d'Aristote, de Spinoza, de Leibnitz, etc., ont été si profondes et si vastes, que l'on est forcé de se demander s'il est possible que chacune ait échoué pour une raison différente. En se plaçant au point de vue de ces philosophes dont la pensée, au premier abord, paraît embrasser la totalité de l'être, on se demande avec effroi s'il est possible que pendant les vingt-six siècles qui nous séparent des premiers philosophes grecs, ce qui avait été saisi par un, ait échappé à un autre et vice versa constituant ainsi la fuite éternelle de la réalité devant la pensée investigatrice de l'homme. S'il en était ainsi, l'homme aurait vraiment le droit de conclure que son intelligence est incapable d'embrasser l'univers et n'aurait qu'à s'incliner devant l'insolubilité du problème. La philosophie ne serait alors qu'un effort condamné d'avance à l'insuccès, et l'homme devrait s'avouer vaincu. Heureusement pour l'humanité, ce n'est pas le cas; car il suffit de se poser cette question, pour arriver bientôt à la conclusion contraire que toutes les doctrines ont finalement échoué contre le même obstacle et que la raison de leur insuffisance n'est pas en ce qu'elles ont *donné*, mais en ce qui leur *manque* à toutes. Si nous disons à toutes, nous voulons dire par là toutes celles qui ont atteint la limite possible de leur développement intérieur, car évidemment on pourrait nous citer des philosophes qui n'ont pas tiré toutes les conséquences possibles de leur propre pensée et qui ont laissé à leurs disciples l'achèvement de leur œuvre. Ne confondons pas l'œuvre d'un philosophe avec la doctrine qu'il soutient et qui peut trouver des continuateurs. Si nous considérons, à ce point de vue, toutes les doctrines philosophiques, nous verrons que toutes, après avoir atteint leur complet développement, ont finalement échoué contre l'impossibilité d'expliquer le dualisme du corps et de l'âme, de la matière et de la pensée. Nous sommes arrivés à cette conclusion en appliquant à chaque doctrine ce procédé critique fort simple qui consiste à se demander jusqu'où est allé son développement logique et quelle cause a poussé l'humanité à chercher une autre conception philosophique. Chaque fois, nous nous sommes heurtés contre ce fait que l'imperfection finale de chaque système se réduisait à l'impossibilité d'expliquer ce dualisme de la conscience humaine qui se trouve en désaccord avec l'unité simple et, pour ainsi dire, instinctive de tous les êtres vivants. Du moment que ce seul défaut était suffisant pour détourner la pensée humaine des plus profondes conceptions philosophiques, qui restent jusqu'à présent un objet d'étonnement et d'admiration pour la postérité, il nous paraît évident que là se trouve la vraie cause qui a déterminé la succession des doctrines philosophiques et le développement intellectuel de l'humanité. D'un autre côté, si nous remontons à l'origine même de la philosophie, nous trouverons le fait de ce dualisme implicitement lié à ce qui constitue la base des premières conceptions philosophiques, et nous verrons que la philosophie est née du désir, inhérent à l'homme, de supprimer cette contradiction entre le dualisme créé par sa pensée et l'unité immédiate que présentent les données de ses sens. Cette contradiction est donc l'origine et la raison d'être d'une longue série d'hypothèses qui constituent l'histoire de la philosophie. Pour en trouver le commencement il faut remarquer d'abord que nous appelons ainsi tous les essais faits par l'homme pour percer le mystère de la vie par les moyens naturels de son esprit. Sans doute, beaucoup de ces essais ont abouti à l'admission d'un principe surnaturel, mystique ou religieux, mais nous les distinguons des véritables religions philosophiques qui, ayant pour base la croyance, remplacent dans l'enfance de certains peuples les conceptions vraiment philosophiques du monde. Ceci indique clairement que nous ne nous arrêterons pas aux doctrines religieuses des Hindous ou des Égyptiens, auxquelles, malgré toute leur profondeur, il manque un élément très important à notre point de vue : l'indépendance de l'esprit et la conscience de sa force, ne fût-ce qu'entre certaines limites.

Ce sont pour ainsi dire des philosophies inconscientes. Tout le monde sait que les premiers essais conscients de l'esprit humain, confiant en sa force, pour donner une explication naturelle du monde qui l'entoure, ont été faits en Grèce. C'est là que l'homme a, pour la première fois, osé regarder la nature en face et qu'il a oublié, pour un moment, les divinités. Maintenant, si nous envisageons ce moment dans l'histoire de l'humanité au point de vue psychologique, nous trouverons trois conditions indispensables pour le produire. *Premièrement*, il faut que l'homme, dans sa lutte pour la vie avec la nature et les autres hommes, ait déjà suffisamment garanti son être physique contre les dangers et les besoins de l'existence, pour avoir la *possibilité* extérieure de réfléchir. *Secondement*, il faut que l'instinct de la vie, garanti extérieurement et cherchant à s'affermir intérieurement, pousse l'homme à réfléchir sur le sens même de la vie. Il faut que l'homme ait le *désir* de connaître l'essence du monde. En *troisième lieu*, il faut que l'homme soit déjà graduellement habitué à la polarisation de sa conscience autour d'un moi personnel opposé aux objets du monde extérieur. Ces trois conditions fondamentales : la *possibilité* (extérieure), le *désir* et la *capacité* (intérieure) de réfléchir sur l'essence de la vie et du monde, font naître cette tendance de l'esprit humain qui, arrivée à un certain degré d'intensité et de confiance en sa force, produit la première conception philosophique.

De ces trois conditions que nous trouvons à l'origine de la philosophie, c'est la dernière qui détermine le caractère de l'acte qui en sera le résultat, car elle est l'essence même de ce qui constitue le rapport spéculatif de l'homme au monde extérieur. En effet, l'homme aurait pu pendant des milliers de générations vivre de la vie animale, garantir son énergie vitale extérieurement et vouloir l'affermir intérieurement (par d'autres voies que la pensée, par exemple dans le désir de procréation, comme les animaux), s'il n'était pas arrivé à la polarisation de sa conscience autour de deux centres : le « moi » et le « non-moi » ou le monde extérieur. Sans cette opposition, l'homme ne se serait jamais élevé au-dessus du niveau intellectuel de la bête. Il aurait beaucoup senti comme les animaux, ses sens se seraient affinés, le nombre de ses sensations se serait accru à l'infini, sans qu'il eût pu arriver à la réflexion. Par quel procédé, par quelle évolution, il arrive à ce dualisme de sa conscience, produit par ces deux pôles, il l'ignore, mais ce dualisme est le fait fondamental de son développement intellectuel. L'agglomération des sensations qui se rapportent à l'un ou à l'autre pôle, constitue la faculté de la mémoire et ne fait que contribuer au développement de cette vision dualiste de l'univers.

Tandis que le *désir* d'affirmer son « vouloir vivre » et la *possibilité* extérieure de cette affirmation produisent simplement une force de volonté dirigée dans ce sens, le troisième fait, — l'opposition du « moi » au « non-moi », — détermine le caractère conscient de cet acte de volonté, produit la première conception philosophique du monde et lui fait revêtir, aux yeux de l'homme, l'apparence d'un *dualisme* du sujet sentant et pensant opposé à une infinité d'objets sentis et pensés, de l'esprit qui est le sujet et de la matière qui est l'objet, d'une essence spirituelle et d'une essence matérielle.

Depuis le premier éveil de la conscience humaine au sein d'une nature imprégnée de l'unité primitive de l'Être, toute l'histoire de la civilisation n'a fait que contribuer au développement de cet apparent dualisme. L'homme moderne est le produit d'une série de générations qui ont toutes appris, dès leur plus bas âge, que la pierre est inanimée, que les animaux n'ont pas de raison, et que l'homme seul est un être intelligent et doué d'une âme immortelle. Ces notions, que l'on peut, à juste titre, appeler préjugés, car elles s'acquièrent avant que l'enfant puisse les soumettre à un jugement critique, constituent la base de la conception fragmentaire de l'univers, à laquelle nous nous habituons dès notre enfance. Et, ce qui était dû au commencement, à la faiblesse du jugement de l'homme primitif, devient avec le temps, un objet de culture spéciale dans les écoles primaires et secondaires qui, seules, dirigent la culture de la plus grande partie de l'humanité. Qu'y a-t-il d'étonnant alors que la minorité qui sort des écoles et aspire à la vraie science, se trouve incapable d'imaginer l'unité de l'univers, après avoir entendu continuellement répéter, dès le plus bas âge, que des abîmes séparent l'homme des bêtes, et ces dernières du monde inorganique. Pendant des siècles, l'école et l'Église ont semé les germes de ce dualisme dans la conscience des nouvelles générations, en représentant l'homme comme le roi du monde et le pivot de la création, et l'âme humaine comme une substance totalement différente de la réalité matérielle de l'Être. Il a fallu des siècles de culture intellectuelle et un très lent développement des connaissances inductives et expérimentales de l'homme pour déterminer un mouvement d'idées dans le sens inverse, et pour combler les abîmes creusés dans l'unité primitive de l'univers par les préjugés scolaires et religieux. Ce n'est que de nos jours, devant le fait indiscutable que « les méthodes les plus perfectionnées de la botanique et de la zoologie, de l'anatomie et de la physiologie actuelles n'ont pu arriver à établir des limites tranchées entre le règne végétal et le règne animal¹ », que l'esprit humain arrive par le raisonnement à la conscience de ce fait qui avait toujours été implicite à sa connaissance immédiate des choses. Ainsi, dit M. Bourdeau, l'étude et la réflexion abaissent une à une toutes les barrières de séparation qu'une connaissance imparfaite croyait devoir élever entre les corps bruts et les corps vivants², mais cela ne devient possible qu'après un travail très lent de la pensée inductive, basée sur les grandes découvertes toutes récentes des sciences positives. La science moderne est en train d'acquérir la puissance nécessaire pour effacer l'image trompeuse et infiniment complexe du monde extérieur créée par la myopie du simple bon sens et le parti pris des préjugés religieux. Mais avant d'en arriver là, l'homme qui a toujours senti instinctivement l'unité de son être, était forcé par son éducation et par l'atmosphère intellectuelle de son milieu ambiant, d'y trouver, dès qu'il réfléchissait, un abîme entre la pensée pure et l'existence matérielle.

Toute l'histoire de la philosophie n'est qu'une série d'hypothèses tendant à résoudre cette contradiction fondamentale entre la sensation immé-

---

1. Zittel, *Traité de paléontologie*, t. I, p. 30.
2. Louis Bourdeau, *Le problème de la vie*, p. 167.

diate de l'homme et sa pensée. Considérée à ce point de vue, elle est un perpétuel devenir d'une science nouvelle, un rapprochement progressif de la réalité. Mais, lorsque nous aurons poursuivi le « fil rouge » de ce dualisme dans l'histoire de la philosophie, nous verrons que ce rapprochement se fait avec un déterminisme absolu qui peut se réduire à la loi suivante : chaque conception philosophique présente une synthèse des connaissances actuelles de l'homme, dont il poursuit le développement jusqu'au moment où l'impossibilité de résoudre le dualisme fondamental le fait passer à une autre hypothèse et ainsi de suite. L'humanité a passé d'un système à un autre, de celui de Platon, par exemple, à celui d'Aristote, ou de celui de Kant, à celui de Hegel, non pas parce qu'elle jugeait le dernier supérieur et plus complet, mais parce que toutes les conséquences du premier étaient épuisées sans avoir donné la solution de l'éternel problème, et que la nouvelle hypothèse contenait virtuellement une nouvelle possibilité de le résoudre. Ainsi, chaque conception correspond à un nouveau point de vue déterminé par l'état des connaissances actuelles de l'homme. Mais, si le contenu de ces hypothèses peut être varié à l'infini, elles se réduisent toutes à des catégories logiques strictement limitées. L'opposition du « moi » au « non-moi », qui constitue 'origine de la première conception philosophique, détermine les limites logiques des trois catégories dans lesquelles rentrent nécessairement toutes les hypothèses : 1° elles peuvent se rapporter à 'essence du « non-moi », c'est-à-dire, du monde extérieur ; 2° elles peuvent être enfermées dans le « moi », c'est-à-dire, dans le domaine de la pensée pure ; 3° elles peuvent chercher à établir l'unité de l'un et de l'autre, du monde extérieur et de la pensée. Nous verrons plus loin, par l'analyse des doctrines philosophiques dans leur ordre historique, que telle a été effectivement la voie du développement de la pensée humaine, mais nous pouvons dire *a priori* que cet ordre n'est pas un effet du hasard, et que la succession de ces trois catégories est déterminée par une nécessité absolue. L'homme *commence* par essayer une *série d'hypothèses* qui se rapportent à l'*essence du monde extérieur*, parce que la conscience du « moi » n'est que secondaire, dérivée de la conscience du « non-moi ». Il connaît l'objet de sa pensée avant de se rendre compte qu'il pense. Il cherche à comprendre l'image de ce monde extérieur, telle qu'elle s'offre à ses yeux, jusqu'à ce qu'il arrive à la conclusion que quelle qu'en soit l'essence, elle ne peut pas révéler le principe des formes variées qu'elle paraît revêtir dans l'univers. C'est alors seulement qu'il s'aperçoit que sa pensée n'est pas réduite à subir les choses, mais qu'elle exerce une action créatrice, ce qui le fait *passer* à une *série d'hypothèses* qui enferment la *réalité dans le monde de la pensée*. Inévitablement, il arrive à la conclusion qu'une conception purement idéaliste est également insuffisante pour supprimer la contradiction fondamentale entre sa pensée et sa connaissance immédiate des choses. Il ne lui reste qu'à essayer une *hypothèse*, qui supposerait, au-dessus de ce dualisme, une *unité inexplicable*, mais alors, les plus beaux efforts de son génie ne pourront lui donner une entière satisfaction, tant qu'il n'arrivera pas à éclaircir ce dernier mystère. Si la réduction de toutes les doctrines philosophiques aux trois types du réalisme, de l'idéalisme et du monisme ne présente pas une classification nouvelle, nous croyons avoir trouvé un fait d'observation tout nouveau, en constatant que la succession de ces trois types est déterminée par une nécessité absolue, et que cette évolution se répète deux fois, dans l'histoire de l'humanité, à plus de dix siècles de distance. La première fois, elle se produit dans le monde antique de Thalès à Aristote, la seconde fois, dans le monde moderne de Descartes à Hegel. Deux fois, l'homme se lance dans la voie des hypothèses, pour essayer de saisir la réalité des choses, et, deux fois, il passe nécessairement par les mêmes étapes logiques. Et, c'est bien compréhensible, car les lois de sa pensée ne changent pas, tandis que sa vision du monde extérieur change continuellement. Les lois logiques, dans l'antiquité, étaient les mêmes que de nos jours, et deux fois deux ont toujours fait quatre, mais le rôle de l'homme, dans le système géocentrique, était tout autre qu'il n'est depuis la découverte de l'infiniment grand et de l'infiniment petit, qui constituent l'univers. D'un autre côté, le point de départ est resté le même, car ce n'est pas la conscience du « moi », mais la conscience du « non-moi » qui implique la contradiction intérieure de l'être, et constitue l'origine des hypothèses métaphysiques. C'est pourquoi, au XVIIe siècle, tout comme jadis, dans le monde antique, l'évolution des doctrines philosophiques devait nécessairement commencer par le réalisme pour aboutir au monisme universel. Cette évolution se répétera-t-elle encore dans l'avenir? Le monisme cessera-t-il jamais d'être une hypothèse pour entrer dans le domaine de la science? L'examen détaillé des doctrines philosophiques dans leur ordre historique nous permettra, peut-être, de résoudre ces questions en nous montrant la voie que l'humanité a suivie pendant des siècles avec un déterminisme absolu, et dont nous tâcherons de saisir le terme final en nous basant sur les progrès déjà accomplis.

CHAPITRE III

ÉVOLUTION DE LA PHILOSOPHIE
DANS LE MONDE ANTIQUE

Si l'on remonte à l'origine de la philosophie dans le monde antique, on trouve l'homme déjà habitué à la polarisation de sa conscience autour d'un « moi » personnel, opposé à la représentation du monde extérieur, et cherchant à déchiffrer l'énigme de la vie. C'est-à-dire, le fait de voir et de penser lui semble tout naturel, tandis que son attention est absorbée par l'image complexe et grandiose de l'univers, qui apparaît plein de forces inconnues et terribles, et dont il sent sa propre dépendance. L'homme commence par attribuer toute la réalité à cette vision du monde extérieur, dont il ignore le lien avec sa pensée. Tel a été le point de vue des premiers philosophes grecs. Nous le voyons nettement exprimé par Aristote dans le premier livre de sa Métaphysique [1].

« C'est uniquement, dit-il, dans l'ordre de la matière » (ἐν ὕλης εἴδει), c'est-à-dire du monde extérieur, « que les premiers philosophes, ou, du moins, la plupart d'entre eux, ont cru découvrir les principes de tous les êtres. En effet, ce qui constitue tous les êtres sans exception, ce qui est la source primordiale d'où ils sortent, ce qui est le terme où ils finissent par rentrer, quand ils sont détruits, substance qui au fond est persistante et qui ne fait que subir des modifications, ce fut là aux yeux de ces philosophes l'élément des choses et leur principe [2]... »

Nous ne saurions mieux faire que de suivre la pensée d'Aristote dans ce premier livre de la Métaphysique. Nous y trouverons non seulement un document de première main sur les origines de la philosophie en Grèce, mais, en même temps, un exposé de son développement, qui s'adapte admirablement à notre but, en faisant nettement ressortir le rôle du dualisme fondamental de la conscience humaine.

Voici en quels termes Aristote retrace la succession des premières hypothèses. Après avoir

---

1. Aristote, *Métaphysique*, traduction de Barthélemy Saint-Hilaire, Paris, 1879.
2. L. I, ch. III, § 7-8, 983 *b*, 7-11.

constaté que toutes tendent à la découverte d'un principe purement matériel, il dit : « Cependant, quand il s'agit de déterminer le nombre de ces principes ou la nature spéciale de ce principe unique, les opinions ne sont plus unanimes. Par exemple, Thalès, auteur et chef de ce système de philosophie, prétendit que l'*eau* est le principe de tout, et c'est là ce qui lui fit affirmer aussi que la terre repose et flotte sur l'eau. Probablement il tira son hypothèse de ce fait d'observation que la nourriture de tous les êtres est toujours humide, que la chaleur même vient de l'humidité et que c'est l'humide qui fait vivre tout ce qui vit. C'est ainsi que l'élément d'où proviennent quelques-unes des choses parut à Thalès le principe de toutes choses sans exceptions [1]... Anaximène et Diogène ont cru l'*air* antérieur à l'eau et ils l'ont regardé comme le principe essentiel des corps simples. Pour Hippase de Métaponte et Héraclite d'Éphèse ce principe était le *feu*. Empédocle reconnaît les *quatre éléments*, en ajoutant, aux trois précédents, la terre qui forme le quatrième. Il supposait que ces éléments sont éternels et que jamais ils ne se manifestent qu'en se réunissant ou en se désunissant, en plus ou moins grande quantité, selon qu'ils se combinent dans l'unité ou qu'ils

---

1. L. I, ch. III, § 11-12, 983 *b*, 18-25.

sortent de l'unité formée par eux. Anaxagore de Clazomène, qui était plus ancien qu'Empédocle, mais qui en réalité ne s'est montré qu'après lui, a prétendu que les *principes* sont *infinis*. Dans son opinion les corps à parties similaires (*homeoméries*), tels que sont l'eau et le feu, ne naissent et ne périssent guère qu'en tant qu'ils se combinent ou se divisent [1]. »

« D'après toutes ces théories, on aurait donc pu supposer qu'il n'y a qu'une seule cause, celle qui dans la nature, se présente à nous sous forme de matière. Mais à mesure qu'on avança dans cette voie, la réalité elle-même traça la route aux philosophes et leur imposa la nécessité d'une recherche plus profonde. En effet, si toute destruction et toute production ne peut s'appliquer jamais qu'à un sujet, que ce sujet soit d'ailleurs unique ou multiple, *comment* ce phénomène de changement a-t-il eu lieu et *quelle* en est la *cause* [2]? Or, chercher cette cause, c'est chercher un *principe tout autre* (ἑτέραν ἀρχήν); et ce principe-là, comme nous proposerons de l'appeler, c'est le *principe d'où part le mouvement* [3]. Mais ceux qui tout à fait les premiers ont mis la main à cette étude, et qui ont déclaré que le sujet des phénomènes est

---

1. L. I, ch. III, § 17-20, 984 a, 5-16.
2. L. I, ch. III, § 21-22, 984 a, 16-21.
3. L. I, ch. III, § 23, 984 a, 27. « ὅθεν ἡ ἀρχὴ τῆς κινήσεως. »

absolument un, n'ont pas vu en cela la moindre difficulté. » Aristote nous paraît exprimer ici une grande vérité qui malheureusement n'a été que trop méconnue par les historiens modernes de la philosophie, c'est-à-dire que les penseurs grecs antérieurs à Socrate ont cherché ce principe du mouvement en dehors de la conscience et de la pensée humaines. L'abîme entre la pensée et la matière n'existait pas encore pour eux, car les éléments matériels et les principes intellectuels, comme la haine et l'amour, se confondaient pour eux dans la réalité et l'objectivité du monde extérieur. « Néanmoins, poursuit Aristote, quelques-uns de ceux qui soutenaient ce système de l'unité, vaincus en quelque sorte par la grandeur de cette recherche, affirmèrent que l'unité est absolument immobile et que la nature tout entière est immobile aussi, non pas seulement parce qu'elle ne subit pas les alternatives de production et de destruction, doctrine fort ancienne et unanimement adoptée, mais en outre parce qu'elle est soustraite à toute autre espèce de changement [1]. » (Théorie des *éléates*)...

« Mais après tous ces philosophes, et après tous ces principes qui étaient impuissants à expliquer la production et la nature des êtres, les sages ont

---

1. L. I, ch. III, § 24, 984 a, 29-31.

été contraints, par la vérité elle-même, à chercher le principe qui était la conséquence inévitable de celui qu'ils admettaient ; car ce qui fait que certaines choses sont bonnes et belles et que d'autres le deviennent, ce ne peut être vraisemblablement ni la terre, ni aucun élément de cet ordre qui en soit la cause[1]... Aussi quand un homme vint proclamer que c'est une intelligence qui dans la nature, aussi bien que dans les êtres animés, est la cause de l'ordre et de la régularité qui éclatent partout dans le monde, ce personnage fit l'effet d'avoir seul sa raison et d'être en quelque sorte à jeun après les ivresses extravagantes de ses devanciers. Nous pouvons croire avec certitude que c'est Anaxagore qui a soutenu des opinions aussi sages ; mais avant lui, Hermotime de Clazomène avait déjà signalé cette cause[2]. »

Aristote expose ensuite comment cette idée d'une cause « autre que les principes corporels a pu s'introduire petit à petit dans la conscience humaine ». « On pourrait soupçonner, dit-il, qu'Hésiode a été le premier à exprimer une opinion de ce genre, ou attribuer aussi cette doctrine à tel autre philosophe qui, comme Parménide, a pris l'Amour et le Désir pour le principe universel des choses[3]. Si l'on

---

1. L. I, ch. III, § 27, 984 b, 7-11.
2. L. I, ch. III, § 28-29, 984 b, 15-20.
3. L. I, ch. IV, § 1-3, 984 b, 23-25.

soutient qu'en un sens Empédocle a pu dire et qu'il a dit le premier que le mal et le bien sont les principes de tout, on ne laisse pas d'être dans le vrai[1]. » Mais Aristote dit expressément qu'au début ils ne distinguaient pas nettement le caractère essentiel de cette cause d'un ordre tout nouveau, car « leurs systèmes sont restés incomplets et obscurs, et ces philosophes ressemblent assez à des hommes qui marcheraient au combat sans avoir fait d'exercices préalables[2] ». « De même, dit-il, ces philosophes semblent parler sans trop se rendre compte de ce qu'ils disent ; car on ne voit pas qu'ils aient su tirer aucun parti de leurs principes ; ou du moins l'usage qu'ils en font est très insuffisant. Ainsi, Anaxagore, voulant expliquer la création des choses, se sert de l'*intelligence* comme d'une *véritable machine* ; et s'il est embarrassé pour assigner la cause d'un phénomène nécessaire, il fait sortir l'intelligence juste à point[3] »...

Aristote insiste sur ce fait et répète que les autres philosophes n'ont pas su distinguer non plus la cause motrice des principes corporels. « Empédocle, dit-il, a recours à ses principes plus fréquemment qu'Anaxagore n'a recours aux siens ; mais lui aussi est d'une grande insuffi-

---

1. L. I, ch. iv, § 4, 985 *a*, 7-9.
2. L. I, ch. iv, § 6, 985 *a*, 11-14.
3. L. I, ch. iv, § 7, 985 *a*, 15-20.

sance [1]. Ce qui est à l'honneur d'Empédocle, c'est que, parmi tous ses devanciers, il est le premier qui ait introduit la cause motrice dans les recherches philosophiques, bien qu'en la divisant en deux (Amour et Discorde) [2]....Leucippe et son ami Démocrite ont admis pour éléments le plein et le vide, qui, suivant eux, sont en quelque sorte l'Être et le Non-Être. Mais, dit-il, *ce sont là dans leurs systèmes des causes purement matérielles des êtres* [3]. » (ὡς ὕλην.)

A côté de ces philosophes qui cherchent l'essence et la cause motrice des choses dans la réalité objective du monde extérieur, Aristote place l'école de Pythagore. « A la même époque, dit-il, ...ceux qu'on appelle les Pythagoriciens s'appliquèrent tout d'abord aux mathématiques et leur firent faire de grands progrès; mais nourris dans cette étude exclusive, ils s'imaginèrent que les principes des mathématiques sont aussi les principes de tous les êtres. Par exemple, suivant les Pythagoriciens, telle modification des nombres est la justice; telle autre est l'âme et la raison ; telle autre représente l'occasion favorable pour agir... et ils firent du monde considéré dans son ensemble une harmonie et un nombre [4]. » Ici nous voyons Aristote, en contradic-

1. L. I, ch. IV, § 8, 985 *a*, 21-23.
2. L. I, ch. IV, § 9, 985 *a*, 29-31.
3. L. I, ch. IV, § 11, 985 *b*, 4-10.
4. L. I, ch. V, § 1-4, 985 *b*, 23 — 986 *a*.

tion formelle avec les historiens modernes de la philosophie, affirmer que même cette doctrine des nombres n'était pas une doctrine idéaliste, car selon lui « les *Pythagoriciens* tout aussi bien que les autres, en adoptant le nombre pour principe, *l'ont regardé comme la matière des choses* et la cause de leurs modifications et de leurs qualités [1] ».

« Ainsi, conclut Aristote, d'après ce que nous venons de dire et en regardant ce que nous ont transmis les philosophes, qui se sont appliqués à cette étude, voici ce que nous avons hérité d'eux : *des premiers et des plus anciens* nous avons reçu *le principe corporel*, puisque l'eau, le feu et les choses de cet ordre sont des corps; et parmi ces sages les uns n'ont admis qu'un seul et unique principe, les autres en ont admis plusieurs. Mais des deux parts on s'en est tenu à des principes purement matériels. *Quelques autres* philosophes, tout en reconnaissant également une cause matérielle, y ont ajouté la *cause qui produit le mouvement* (Aristote ne pense même pas à l'appeler immatérielle !) Seulement pour quelques-uns d'entre eux, cette cause motrice est restée unique, tandis que pour quelques autres elle est devenue double.

---

1. L. I, ch. v, § 7, 986 *a*, 15-17. « Φαίνονται δὴ καὶ οὗτοι τὸν ἀριθμὸν νομίζοντες ἀρχὴν εἶναι καὶ ὡς ὕλην τοῖς οὖσι καὶ ὡς πάθη τε καὶ ἕξεις. »

Jusqu'aux philosophes d'Italie et en faisant exception pour eux, les autres n'ont que très médiocrement traité ces questions. Quant aux Pythagoriciens, ils sont d'accord avec ces philosophes pour admettre aussi deux principes. La seule addition qu'ils aient faite et qui les distingue comme leur appartenant en propre, c'est qu'ils n'ont pas vu dans *le fini, l'infini et l'unité* des *natures différentes des choses* comme le sont le feu, la terre et tel autre élément de ce genre, mais qu'ils ont pris l'infini en soi, ou l'unité en soi, pour essence même des choses auxquelles on attribue l'infinitude ou l'unité. C'est même là ce qui les conduisit à faire du nombre la substance de tout [1]. »

Si nous comparons cette esquisse de la première période de la philosophie en Grèce avec la manière dont l'exposent les historiens modernes de la philosophie, nous serons frappés tout d'abord par le fait qu'Aristote n'établit pas entre les doctrines philosophiques la différence à laquelle nous sommes habitués. Tandis que la plupart des savants modernes distinguent la conception naturaliste de l'école ionienne de la conception idéaliste représentée par les systèmes de Pythagore, d'Empédocle et autres, Aristote paraît les confondre dans une même catégorie logique. Mais lorsqu'on y regarde

---

[1]. L. I, ch. v, § 21, 987 a, 2-24.

de plus près, on s'aperçoit que ce qu'on prenait d'abord pour un manque de système, est en réalité le résultat d'une interprétation de ces doctrines, totalement différente de celle que leur donnent les savants de notre temps. Nous comprenons alors que, pour Aristote, l'Amour dont parle Empédocle, ou l'infini des Pythagoriciens ne différaient pas beaucoup du feu ou de l'eau comme principes du monde, car, pour le premier, l'amour n'existait pas, comme abstraction, en dehors des êtres aimants, et pour Pythagore, le nombre était une qualité de l'essence matérielle des choses. Nous en trouvons une confirmation directe dans le chapitre suivant de la Métaphysique, où nous voyons Aristote attribuer à Platon le mérite d'avoir le premier reconnu que « les définitions s'appliquent réellement à des *êtres fort différents des choses sensibles* » auxquels il donne le nom d'Idées. Ces passages d'Aristote, que nous venons de citer, nous paraissent prouver clairement que l'idéalisme, dans le sens propre du mot, était inconnu aux Grecs avant Platon, et que cette première période du développement de la philosophie, qui s'étend jusqu'à Socrate, présente une négation inconsciente du dualisme fondamental, résultante d'une croyance absolue et toute intuitive à la réalité du monde extérieur. C'est pourquoi nous l'appellerons période du naïf réalisme.

Le développement de la première période s'était

poursuivi dans les deux directions indiquées par Aristote : dans la recherche du principe corporel et du principe d' « où part le mouvement », jusqu'à la limite naturelle fixée par l'épuisement de toutes les hypothèses possibles. Cette limite fut atteinte lorsqu'Anaxagore arriva à la conception d'un infini matériel et les pythagoriciens, à celle d'un infini intellectuel, sans pouvoir expliquer le lien qui les unit dans la vie. L'esprit humain, encore novice, ne pouvait pas sortir du dilemme suivant : si l'univers est le produit d'une matière, que ce soit l'eau, l'air... ou un infini matériel, cette essence universelle doit se trouver dans un perpétuel écoulement et ne peut pas arriver d'elle-même à produire les formes fixes des choses; il n'y a donc pas de formes fixes, tout n'est qu'un flux continuel de matière (Héraclite d'Ephèse); si, par contre, comme pensent les pythagoriciens, il y a des formes fixes et déterminées comme les nombres, il ne peut pas y avoir de matière sans formes, ni de changement dans l'univers. Les fameux arguments de Zénon contre la réalité du mouvement (Achille ne pouvant pas dépasser la tortue, l'immobilité d'une flèche qui vole, etc.) sont très caractéristiques pour la contradiction qui était encore latente entre le principe corporel et le principe intellectuel.

En effet, tant que les philosophes grecs continuaient de chercher l'explication des formes dans le monde de la matière, ils devaient aboutir à la négation du mouvement et à la conception d'un monde de formes immuables, comme celui des éléates.

Ce fut le mérite des sophistes d'avoir poussé cette contradiction jusqu'à l'extrême, d'avoir conclu que rien de fixe n'existe en réalité dans le monde extérieur, et d'avoir montré que toutes les formes, que l'homme attribue aux choses, viennent de sa pensée. Les sophistes ont ouvert les yeux à l'humanité sur le dualisme de la pensée et de la matière, qui constitue le fond de la conscience humaine, mais en reconnaissant l'abîme qui paraît les séparer, ils en conclurent qu'il n'y avait pas de lien entre le physique et le mental, et que, par conséquent, toute connaissance des choses était relative et variable.

Il fallait tout le génie d'un Socrate pour passer à un point de vue directement opposé et pour montrer, à force de raisonnement et d'observation, que si la réalité n'est pas dans le monde extérieur auquel manque l'unité, elle peut être dans la pensée. Il fut le premier, comme dit Aristote, « à porter un examen attentif sur les définitions[1] » et à montrer qu'il y a un lien entre les définitions des choses et les choses matérielles mêmes. Sa doctrine

---

1. L. I, ch. VI, 987 b, 1-4. « Σωκράτους δὲ ... ἐν τούτοις τὸ καθόλου ζητοῦντος... πρώτου. »

présente, à notre point de vue, une transition de la première solution possible du dualisme fondamental, qui consiste à regarder le monde extérieur sans se rendre compte de la pensée, à la seconde solution qui consiste à nier la réalité du monde extérieur en enfermant les recherches dans le cercle des idées. Sa doctrine n'est qu'une transition — c'est pourquoi il n'a essayé aucun système général de philosophie, se contentant de chercher à quel point la morale et la pensée peuvent être sources de vérités.

Chercher le principe de la vie dans le monde des choses — tel était le problème de la période du naïf réalisme. Il n'y a pas de principe immuable, disent les sophistes, car tout principe est une invention de l'esprit, les choses sont le produit de la matière changeante, et il n'y a pas de lien entre l'esprit et les choses. Il y a un lien, dit Socrate, ce lien est prouvé par l'observation de la vie et par la réflexion. Il y a des principes de la pensée, il s'agit de les découvrir. La découverte de ces principes est l'œuvre de Platon, qui voit la seule réalité dans le monde des idées, dont le monde des choses ne serait que le reflet. Voici comment Aristote explique la formation de cette doctrine : « Platon, dans sa jeunesse, avait d'abord fréquenté Cratyle (un sophiste); et avec lui il s'était attaché aux opinions d'Héraclite qui suppose que tous les objets sensibles sont dans un perpétuel écoulement et qu'il n'y a pas de science possible pour des choses ainsi faites… » Mais lorsqu'il rencontra Socrate, il le suivit et il étudia avec lui la valeur des définitions logiques ; il finit par reconnaître que « les définitions s'appliquent réellement à des êtres fort différents des choses sensibles, par cette raison qu'une commune définition ne peut jamais convenir aux objets des sens, attendu qu'ils sont dans un flux perpétuel. Ces êtres nouveaux furent appelés *Idées* du nom que Platon leur donna. Il ajouta que tous les objets sensibles existent en dehors des Idées et qu'ils reçoivent le nom qui les désigne, d'après la relation qu'ils ont avec elles ; car les individus multiples, qui reçoivent entre eux des appellations synonymes, sont homonymes aux Idées et n'existent que par leur participation aux Idées mêmes [1]. » Telle est la base de la philosophie de Platon, qui substitue un dualisme à l'unité instinctive du monde extérieur de la première période, et ne cherche la réalité que dans une partie de ce dualisme, dans le domaine de la pensée pure. En cela il se distingue de tous les penseurs précédents, surtout des pythagoriciens, qui cherchaient un principe intellectuel dans l'unité objective de la vie, et ne se rendaient pas compte du lien qui

---

1. L. I, ch. vi, § 1-6, 987 *a*, 29-*b*, 10.

l'unit à la pensée. Aristote l'exprime nettement plus loin, lorsqu'il dit que « c'est Platon, qui introduisit le mot nouveau de participation. Les pythagoriciens se sont contentés de dire que les êtres sont l'imitation des nombres. Platon dit qu'ils sont la participation des Idées, expression qui n'est qu'à lui et qu'il a inventée [1]. » « Ce qui appartient proprement à Platon, c'est d'avoir *substitué* une *dualité* à *l'infini*, qui est un dans le système pythagoricien, et d'avoir soutenu que l'Infini se compose du grand et du petit. Enfin *Platon isole les nombres des objets sensibles*, tandis que les pythagoriciens confondent les nombres avec les choses mêmes et ne regardent pas les êtres mathématiques comme les intermédiaires des choses [2]. » Si la période du naïf réalisme présente une série de doctrines dans lesquelles la pensée philosophique se montre comme une succession d'essais qui n'arrivent pas à un grand développement, la période de l'idéalisme pur est toute comprise dans l'œuvre de Platon. De notre point de vue, elle présente la négation raisonnée du dualisme de la conscience humaine au profit de l'esprit. Dans la première période l'humanité avait les yeux ouverts sur le monde extérieur, et oubliait, inconsciemment, le monde intérieur. Dans la seconde période,

1. L. I, ch. vi, § 6, 987 *b*, 10-12.
2. L. I, ch. vi, § 11, 987 *b*, 25-29.

elle a les yeux volontairement fermés sur le monde extérieur et cherche la réalité dans la pensée. Nous n'en poursuivrons pas le développement, parce que quelque vaste et profonde que fût la conception de Platon, il devait inévitablement arriver un moment où la vie impérieusement forcerait l'humanité à regarder toute la réalité en face, et montrerait clairement l'insuffisance d'un idéalisme pur, autant que celle d'un naïf réalisme.

Il ne restait plus qu'à prendre pour base ce dualisme même, que l'humanité était incapable de nier, et à le considérer comme un fait inexplicable, mais expliquant tout le reste. Tel est, dans le monde antique, le sens de la doctrine d'Aristote, qui, au lieu de voir deux mondes séparés, l'un de choses et l'autre d'idées, n'en voit qu'un seul dans lequel chaque chose renferme son idée comme but de son développement et de son existence. Aristote dit expressément que l'essence de chaque chose nous apparaît tantôt comme matière (ὡς ὕλην), tantôt comme forme (ὡς εἶδος), tantôt comme l'unité de ces deux moments logiques (ὡς τὸ ἐκ τούτων)[1]. Ces différences n'existent que pour notre conscience qui saisit toujours l'unité immédiate de la chose, mais qui peut la concevoir soit en puissance (δύναμις), soit en acte (ἐντελέχεια). Par exemple, l'homme ne con-

---

1. Aristote, Περὶ ψυχῆς, l. II, ch. I, 412 a.

naît pas l'idée de la table, il ne connaît que tel et tel objet particulier qu'il appelle table. Mais dans ces objets, sa pensée peut séparer la matière de l'acte. De même, l'homme n'a jamais vu une âme, mais il voit souvent des êtres animés. Dans ces êtres, sa pensée peut séparer la matière de l'acte, quoique, en réalité, ces deux moments soient inséparables. C'est-à-dire, avec l'acte disparaît la chose. Par exemple, avec l'âme disparaît l'homme vivant. C'est pourquoi l'âme, selon Aristote, n'est ni le corps même, ni quelque chose d'étranger au corps, mais « l'acte d'un corps »[1]. Avec cette notion de l'acte (« entelechia »), Aristote croit résoudre le problème et ramener sur la terre les idées de Platon. Cependant, dans cette notion reste béant le même gouffre entre la matière et la pensée, qui les séparait dans toutes les doctrines précédentes. Nous pouvons dire qu'Aristote a résolu le problème de l'Être, mais à quel prix ? En éliminant le problème de la connaissance. Il dit que chaque chose, chaque être renferme son idée. En dehors de nous cette unité est évidente, mais pour notre entendement elle n'existe plus, puisque nous percevons les choses matérielles et les idées de deux manières qui s'excluent mutuellement. Aristote prend pour base le principe logique que,

---

1. Aristote, Περὶ ψυχῆς, l. II, ch. II, 414 a, 14-28.

dans l'objectivité du monde extérieur, l'acte est inséparable de la matière, sans expliquer cette unité qui ne s'accorde pas avec nos moyens de perception, et là-dessus il construit un système admirable de profondeur et de logique.

Pour juger jusqu'où va le rapprochement entre le physique et le psychique dans la doctrine d'Aristote, il nous suffira de citer un passage de l'Organon, où il essaie de réduire toute connaissance à la sensibilité. « Dans quelques animaux, dit-il, cette faculté native est accompagnée de *la persistance de la sensation* ; dans d'autres, elle ne l'est pas. Dans ceux pour qui cette persistance n'existe point, la connaissance ne va pas au delà de la sensation, soit d'une manière absolue, soit pour les objets dont la perception est tout aussitôt effacée. Ceux, au contraire, où elle persiste, conservent, outre la sensation, quelque modification dans l'âme. Ces modifications, se multipliant, prennent un caractère distinct, et c'est de cette permanence que se forme la raison chez certains animaux, tandis que d'autres ne l'ont pas [1]. Ce passage nous montre clairement par quel procédé Aristote élimine la principale difficulté du problème de la connaissance. Il voit l'homme vivant parler, juger, désirer et agir, et il conclut que ses

---

[1]. Aristote, *Organon, Les derniers Analytiques*, l. II, ch. XIX, trad. Barthélemy Saint-Hilaire.

actes sont inséparables de son essence matérielle. L'âme n'est que le total de ces actes. Quant à savoir en quoi consiste le lien entre le désir et le geste, entre la pensée et l'acte matériel, Aristote ne l'explique pas, il se contente de décrire le phénomène correspondant. Dans certains animaux, dit-il, les sensations s'accumulent et produisent des actes très complexes que l'on appelle souvenir, réflexion ou raisonnement, dans d'autres, les sensations s'effacent sans laisser de traces.

Aristote constate ce phénomène, mais il ne peut pas l'expliquer. Et ce n'est pas étonnant, car la science positive, dans le monde antique, était trop peu avancée, surtout la connaissance exacte, physiologique et psychologique, de ce que sont les corps et l'esprit dans la nature, pour que l'humanité pût percer le mystère de ce dualisme qui lui paraissait insondable. Cependant nous devons rendre justice à Aristote et reconnaître qu'il a donné toute la mesure de son génie, en réduisant ce profond mystère à une série de faits empiriquement connus et dans lesquels l'unité objective paraissait incontestable. Sa doctrine doit être considérée comme le point culminant de la philosophie du monde antique, car il a donné la plus profonde conception de la vie que pût donner un homme de son temps. Ne pouvant pas prouver le monisme universel, que le manque de connaissances scientifiques rendait inexplicable, Aristote l'a considéré comme un fait objectivement connu et en a montré les manifestations phénoménales dans toutes les formes de l'être. Pour aller plus loin, il fallait une humanité différente possédant de plus larges vues et des connaissances empiriques plus étendues. Aussi, ce plus grand effort de la pensée antique vers le monisme, marque-t-il un tournant dans l'histoire de la philosophie. Après Aristote, l'évolution de la conscience humaine prend une nouvelle direction : les progrès de la philosophie contemplative étant arrêtés par le manque de connaissances objectives, l'effort de l'humanité va vers le sujet pensant, vers la culture et le développement de l'être humain.

N'oublions pas que la naissance de la philosophie était due au désir inhérent à l'homme d'*affirmer son « moi »* opposé au monde extérieur dont il sentait sa dépendance. Il pouvait l'obtenir non seulement en étudiant cet univers grandiose et complexe, et en le réduisant à des principes intelligibles, mais aussi en étudiant et en développant sa propre nature. Telle fut la direction prise par l'évolution de la philosophie après Aristote : de contemplative elle devient pratique et l'intérêt de l'humanité se porte de la nature des choses sur la nature de l'homme. Au XIXe siècle, une tendance analogue, comme nous le montrerons plus loin, poussa l'homme à chercher le développement de son individualité dans l'accroissement des connaissances positives, mais l'état des sciences dans le monde antique ne permettait pas un développement d'activité dans cette direction et ce fut la vie physique qui devint objet de la spéculation. Nous voyons paraître à cette époque deux systèmes : l'épicurisme et le stoïcisme, qui sont basés sur des états d'âme résultant d'un principe philosophique de vie, plutôt que sur des connaissances objectives. Les *épicuriens* portent toute leur attention sur la sensation de la *jouissance*, qui devient, dans leur système, le principal moteur de la vie universelle ; les *stoïciens* le voient dans la *volonté*. Ils ont eu le grand mérite d'avoir indiqué, dans la nature humaine, un processus plus profond que celui de la pensée, mais le manque de connaissances positives les a empêchés de lui donner un développement scientifique. L'essence physiologique et psychologique de ce processus vital est restée pour eux un mystère, tout en constituant la base même de leur philosophie. Ces deux grandes doctrines exercèrent une influence prépondérante sur l'esprit humain jusqu'à la fin du monde antique et trouvèrent beaucoup d'adeptes dans la civilisation romaine. Cependant, en faisant de l'homme le centre de leurs études et en réduisant l'être aux principes mystérieux de la volonté ou de la jouissance, elles ne pouvaient pas contenter les esprits qui aspiraient à la connaissance intégrale des choses. C'est pourquoi, à côté du stoïcisme et de l'épicurisme, nous voyons paraître le scepticisme qui conclut à l'impossibilité d'une connaissance objective de la réalité. Les sciences positives surtout, comme la médecine et la physique, encore trop peu développées, ne donnaient qu'une connaissance fragmentaire des phénomènes vitaux et ne pouvaient produire qu'un scepticisme empirique. Les conditions historiques de cette époque, la prépondérance mondiale du peuple romain plus enclin à l'action qu'à la réflexion et d'une direction d'esprit toute pratique, eurent sans doute une grande influence sur le sort de la philosophie. L'ère romaine ne produisit aucune nouvelle synthèse philosophique, la conception épicurienne et la conception stoïcienne répondant parfaitement aux deux traits saillants du caractère latin : la culture de l'intérêt personnel et le développement de la volonté. La Grèce se trouva bientôt envahie par l'action conquérante de Rome, qui arrêta l'élan de sa pensée en absorbant l'énergie vitale des Grecs par des luttes politiques infructueuses. Mais les doctrines grecques s'étaient répandues dans le monde et ce fut l'école d'Alexandrie qui détermina la nouvelle direction de la pensée spéculative. A ces deux grandes époques de philosophie objective et de philosophie subjective succéda une toute nouvelle orientation de l'esprit humain, qui dirigea l'humanité vers une synthèse religieuse. Le monisme d'Aristote avait été le point culminant de la première, la seconde avait abouti à un profond scepticisme, l'homme se trouvait incapable de percer le mystère qui liait son existence individuelle à l'existence du monde extérieur, et d'affirmer ainsi son indépendance de la nature et son « vouloir vivre ». Ce lien, il ne pouvait ni le comprendre, ni le briser.

Ne pouvant se libérer, par ses propres forces, du dualisme de sa conscience, il chercha, en dehors de lui-même, un appui et une force mystérieuse, qui pût l'aider à dépasser les étroites limites de son intelligence. L'homme découragé chercha une aide surnaturelle, pour s'élever au-dessus des faiblesses et des contradictions de sa pensée. Ce fut déjà une tendance religieuse qui poussa l'humanité à rechercher le même ordre d'idées dans les mythes des religions orientales et qui se rencontra avec une tendance analogue du judaïsme dans le dogme du Messie. Elle se manifesta, d'abord, dans la doctrine de Philon, le Platon juif, né trente ans avant Jésus-Christ. Pour lui, le rapport des idées au monde matériel s'explique par l'action transcendante de Dieu. Dans sa doctrine, les idées platoniciennes deviennent des émanations du Verbe Médiateur qui constitue, avec le Père et le Saint Esprit, la Trinité divine, et dans lequel nous reconnaissons le futur Logos de la religion chrétienne. Un demi-siècle plus tard l'idéal de Philon se trouva réalisé par Jésus-Christ qui a donné au monde l'exemple de l'homme libéré du doute et ramené par la foi à une synthèse religieuse de la vie.

Durant plusieurs siècles encore, nous voyons la pensée antique se rapprocher du christianisme. Plotin, chef de l'école d'Alexandrie, poursuivit l'interprétation mystique du platonisme en établissant sa fameuse théorie de la procession en Dieu. Selon lui, c'est le Bien, principe suprême, qui a librement engendré l'Intelligence et l'Ame, les trois moments inséparables de la Divinité. C'est l'Ame divine qui constitue le dernier moment de cette « procession » des hypostases, et, en même temps, l'origine de la « descente » des âmes humaines et de la production du monde. Mais le monde produit et réalisé dans la matière, cherche à retourner vers son principe d'origine. L'âme individuelle cherche à se confondre avec l'Ame divine. Cette hypothèse du « retour éternel » n'est pas possible sans l'aide de Dieu. L'intelligence humaine est trop faible pour s'élever à l'Esprit divin, et l'homme ne peut s'en approcher que dans un état supérieur à l'intellection, qui s'obtient dans l'extase religieuse.

L'extase devient un objet d'études spéciales dans le néo-platonisme, mais les disciples de Plotin ne surent pas conserver la pureté primitive de sa doctrine. En étudiant les émanations de Dieu ils y introduisirent une gradation de divinités inférieures, de démons qui étaient devenus des intermédiaires entre Dieu et les hommes, et toute cette théorie a finalement sombré dans la superstition, tandis que l'extase même fut abaissée à des pratiques grossières. Cependant la gloire de Jésus s'était répandue dans le monde et les derniers efforts de la pensée antique se trouvèrent impuissants devant la marche victorieuse de la foi nouvelle.

CHAPITRE IV

ÉVOLUTION DE LA PHILOSOPHIE MODERNE

Nous avons poursuivi, brièvement esquissée, la marche de l'esprit humain dans l'antiquité jusqu'au moment où elle aboutit à une synthèse religieuse. Le triomphe du christianisme a été suivi d'un bouleversement politique dans lequel le monde antique a péri sous les décombres de sa culture. Pour bien comprendre pourquoi l'évolution intellectuelle de l'humanité s'est trouvée entravée, et, pour ainsi dire, immobilisée, il faut se rendre compte du terrible écroulement de toute une civilisation que présente la fin du v° siècle de l'ère chrétienne. La dernière école de philosophie antique, à Athènes, se ferme environ cinquante ans après la chute de l'empire romain (476), et, un siècle plus tard, la face de l'Europe est totalement changée par cet afflux de peuples jeunes, qu'on nomme l'invasion des barbares. Si l'on jette un coup d'œil sur l'histoire de l'Europe du vɪᵉ au xɪᵉ siècle, on comprend l'arrêt complet de la pensée philosophique. Le « vouloir vivre » est totalement absorbé par les dangers physiques de la vie. La pensée, vacillante comme la lumière d'une veilleuse, trouve un refuge au fond des cloîtres, pendant qu'au dehors sévit la guerre incessante des familles, des tribus et des peuples. La mort est à chaque pas, et l'homme n'a plus ni loisir, ni désir de penser au sens de sa vie, tout occupé qu'il est à la défendre, une arme à la main. Au milieu de tous ces dangers, c'est la religion chrétienne qui lui donne une explication de ses maux et l'espoir d'une vie meilleure. Il y trouve la suprême consolation et la force, sinon la joie de vivre.

Au sortir de cette sombre période, pendant laquelle se sont formées les assises de la nouvelle société, l'homme retrouva la possibilité de réfléchir, et chercha à concilier les dogmes de sa foi avec les données immédiates de sa conscience. Nous ne poursuivrons pas toutes les étapes de l'évolution que présente la lutte entre la croyance aveugle et le désir impérieux d'une connaissance raisonnée. Longtemps la philosophie dut se contenter, dans les doctrines scolastiques, du rôle inférieur d'une « servante de la théologie ». La raison a fini par triompher et par imposer sa suprématie à la foi.

C'est la connaissance plus exacte du monde antique, c'est la Renaissance italienne qui a réveillé la pensée humaine, et qui a provoqué, dans l'Italie du xv⁰ siècle, un retour enthousiaste vers le néoplatonisme et les doctrines mystiques qui florissaient jadis aux premiers siècles de l'ère chrétienne. En même temps l'étude de la nature avait produit le panthéisme de Giordano Bruno, cet élan admirable de la pensée vers le monisme philosophique. Mais ce n'étaient là que les premiers tâtonnements de l'esprit spéculatif encore novice. Les philosophes de la Renaissance avaient le regard tourné vers l'antiquité et paraissaient incapables d'arriver à une synthèse nouvelle. Pour bien comprendre pourquoi, au commencement du xvii⁰ siècle, la pensée humaine prend son essor avec tant d'énergie qu'elle rejette, non seulement la scolastique du moyen âge, mais, en même temps, toutes les doctrines de l'antiquité, et veut se refaire une philosophie entièrement nouvelle, il faut se rendre compte du prodigieux élargissement de vue produit par l'entassement des connaissances nouvelles depuis le xv⁰ siècle. Il faut comparer le Grec contemporain d'Aristote, pour qui la terre était le centre du monde et le bassin de la Méditerranée, tout ce qu'il connaissait de la terre, avec l'homme du xviie siècle, pour qui l'Europe n'est qu'une des parties du globe et la terre elle-même n'est qu'une des planètes qui font partie du système solaire dans l'immensité de l'univers. Il faut considérer cet ensemble grandiose des connaissances nouvelles acquises par l'humanité, pour comprendre le point de vue de l'homme des temps modernes, le point de vue de Descartes, qui croit d'un côté à la toute-puissance de l'intelligence, et, de l'autre, à la réalité de ce monde grandiose qui est apparu aux yeux de l'humanité.

Oui, c'est une véritable *renaissance* de l'humanité après un sommeil de dix siècles, et nous sommes obligés de constater que, tout comme autrefois, au vi^e siècle avant l'ère chrétienne, l'homme nouveau, recommençant à nouveau l'éternel problème, repasse par les mêmes étapes de la pensée. Et c'est tout à fait naturel, car, malgré l'accroissement de ses connaissances, il est toujours incapable de surmonter le dualisme apparent de sa conscience. Il connaît encore trop peu de ce qu'il appelle son corps et son âme : l'être sentant et pensant est encore un mystère pour lui, tandis que ses connaissances du monde extérieur se sont énormément accrues et le poussent à reprendre, avec de nouvelles forces, la solution de l'éternel problème.

C'est pourquoi, avec toute la différence dans le

système de la pensée qui doit exister entre deux nations séparées par dix siècles, nous retrouvons Descartes croyant aussi fermement à la réalité des deux essences du monde, de la pensée et de l'extension (cogitatio et extensio) que Thalès croyait à la réalité de l'eau ou Pythagore à celle des nombres comme essence universelle. Certainement la façon de penser et de s'exprimer de Descartes, ainsi que tout son système, est infiniment plus abstraite, plus précise et plus scientifique que les doctrines toutes concrètes, imagées et profondément naïves des premiers philosophes grecs ; mais le point de départ est le même. Quelle que soit la conception de l'essence universelle, l'eau, les éléments, les atomes ou bien, dans un ordre d'idées infiniment plus abstrait, la « cogitatio et extensio » de Descartes, ou la « substantia sive Deus sive materia » de Spinoza, toutes ces conceptions ont pour base la croyance à leur réalité en dehors de la conscience humaine, et tous les systèmes qui reposent sur ces conceptions échouent contre l'impossibilité d'établir un lien entre ce monde ainsi conçu et l'intelligence de l'homme qui est censé le concevoir.

Cette première période de la nouvelle philosophie, qu'on pourrait appeler période du réalisme moderne, présente deux courants parallèles : l'un issu de Descartes (1596-1650), passant par Malebranche (1638-1715), Spinoza (1632-1677) et Leibnitz (1626-1716), l'autre issu de Bacon (1561-1626), passant par Hobbes (1588-1679) et Locke (1632-1704). Elle aboutit, tout comme la première période de la philosophie grecque, au doute touchant la possibilité d'établir une philosophie quelconque sur la réalité, au scepticisme de Berkeley et de Hume. Il est vrai que le réalisme naïf des anciens et le réalisme moderne des XVIIe et XVIIIe siècles ont passé par des étapes bien différentes et ont donné naissance à des théories qui ne se ressemblent en rien, sauf le point de départ mentionné; toutefois, pour l'histoire de la philosophie, il est très important que les doctrines de ces deux périodes aient évolué dans les mêmes limites logiques, qu'elles n'ont pas pu franchir. Ces limites sont fixées par la croyance que le monde extérieur apparaît aux yeux de l'homme dans toute sa réalité, sans passer à travers le prisme de la conscience humaine.

Descartes fait table rase de toutes les hypothèses de ses prédécesseurs et, plein d'une confiance absolue en la puissance de la pensée humaine, ne veut se fier qu'à ce qui lui paraît logiquement évident. Cherchant la réalité dans le monde extérieur, tel qu'il s'offre naturellement à ses sens, Descartes conclut que la pensée n'a pas d'étendue, que l'étendue est purement matérielle, et que tout l'univers se réduit à ces deux substances qui s'excluent mutuellement. Il en résulte une conception dualiste de la vie, qui peut tout expliquer excepté le rapport entre la pensée et son objet matériel. Il n'arrive à expliquer le lien qui les unit dans la vie que par la volonté transcendante d'un Dieu personnel, explication qui est développée par Malebranche et par les « occasionalistes », mais qui certainement ne peut pas contenter l'esprit désireux de connaître la réalité intégrale des choses. L'insuffisance philosophique de cette théorie fait passer Spinoza à un autre point de vue. L'absence d'un lien intelligible entre les pensées humaines et les phénomènes matériels, ne peut pas ébranler sa confiance absolue en la logique; si ce lien est inconnaissable, ce n'est pas une raison pour conclure qu'il n'existe pas. Selon Spinoza, il faut se baser sur la nécessité logique d'une cause première, et supposer qu'il existe une substance universelle dont la totalité reste cachée à l'homme qui n'en perçoit que deux manifestations : la pensée et l'étendue. Spinoza arrive ainsi à établir un monisme logique, mais ignorant le lien qui unit toute existence à la pensée individuelle, il ne peut pas expliquer comment la pensée d'un homme peut concevoir la totalité de l'être tout en n'étant qu'un mode limité de la substance Malgré toute la puissance de son génie qui lui a permis d'établir l'unité objective du monde, ce monisme s'est trouvé insuffisant puisqu'il n'impliquait pas l'unité de l'objet perçu et du sujet qui était censé le percevoir.

On pourrait croire cette difficulté résolue dans le système de Leibnitz, pour qui l'âme humaine n'est pas un mode limité de la substance universelle, mais une substance individuelle, une « monade » faisant partie de l'infini des monades qui remplissent l'univers. Seulement Leibnitz, en brisant la chaîne des manifestations d'une substance universelle, pour en faire un infini de monades, renonce à l'unité logique, basée sur l'idée d'une cause première et fait reparaître dans chaque monade le dualisme fondamental de la pensée et de la matière.

Quelque vastes et profondes que soient les conceptions de ces philosophes, c'est toujours la réalité du monde extérieur, tel qu'il apparaît aux sens de l'homme, qui reste l'unique objet de leur étude. Les découvertes physiques, géographiques et cosmographiques avaient tellement changé, tellement agrandi la vision naturelle de l'univers que l'homme ne doutait même pas qu'elle ne contînt toute la réalité. Il fallait une série d'hypothèses infructueuses pour lui prouver que cette réalité qu'il croyait objective, était en grande partie l'œuvre de sa conscience individuelle. Ni Descartes, ni Spinoza, ni Leibnitz ne se sont rendu compte de ce fait. Selon une comparaison très juste de Hartmann[1], pour eux l'univers était toujours le même, comme une image que des milliers d'yeux regarderaient dans un stéréoscope. Descartes y distingue deux substances, l'étendue et la pensée, Spinoza, par un élan de son génie, y devine l'unité imperceptible à l'œil, Leibnitz y découvre le premier un élément psychique qui constitue le fond même des monades, mais tout cela existe pour eux dans l'image indépendamment de celui qui la regarde. C'est pourquoi nous croyons pouvoir dire que l'infini des monades de Leibnitz se trouve enfermé dans les mêmes limites logiques que l'infini des homœomeries d'Anaxagore n'avait pas pu franchir dans le monde antique.

Il est vrai que nous trouvons, dans les doctrines de Bacon, de Hobbes et de Locke, une autre direction du réalisme moderne, parallèle à celle que nous venons d'examiner, mais le résultat final auquel aboutissent ces doctrines, est le même. Si Descartes croit saisir par la pensée la réalité intégrale de l'Être, Bacon ne se fie qu'à la connaissance fondée sur l'induction, mais, tout comme Descartes, il ne doute pas de la possibilité d'une connaissance réelle des choses. En effet, le rapport de l'homme aux choses étant double, c'est-à-dire en

---

[1]. *Grundproblem der Erkenntnisstheorie*, p. 110.

même temps spéculatif et actif, sa connaissance des choses, ramenée en dernier lieu à la pensée, peut se baser soit sur la logique déductive, soit sur la logique inductive. C'est pourquoi la même croyance à la connaissance intégrale des choses pouvait engendrer d'un côté des systèmes de réalisme rationaliste comme ceux de Descartes, de Spinoza et de Leibnitz, et, d'un autre côté, des systèmes de réalisme empirique comme ceux de Bacon, de Hobbes et de Locke. Bacon croit poser les fondements d'une science nouvelle en établissant les principes de la connaissance expérimentale, mais l'état peu avancé des sciences positives de l'époque ne permet pas de les appliquer à l'étude des phénomènes psychiques et, réduisant l'expérience aux éléments physiques de la vie, ne peut produire que des conceptions matérialistes. Telle est la doctrine philosophique de Hobbes, telle est au fond la conception sensualiste de Locke, qui arrive à la conclusion que l'âme, d'essence matérielle, reçoit tout son contenu des sensations qui viennent du dehors. Le sensualisme de Locke, transporté en France par Voltaire et développé par Condillac, eut une énorme influence sur l'esprit philosophique du xviiie siècle. Malgré la profonde différence qui semble, au premier abord, exister entre les doctrines sensualistes et la philosophie rationaliste, le résultat final auquel aboutissent ces deux genres d'hypothèses philosophiques est en réalité le même. Si la monade de Leibnitz contient le dualisme inexplicable de la pensée et de la matière, la doctrine sensualiste de Locke conçoit l'âme humaine et le monde extérieur comme deux objets matériels juxtaposés sans établir aucun lien entre eux. Il était tout naturel d'en conclure que ce lien n'existait pas du tout et que l'homme, au lieu de la réalité des choses, ne connaissait que ses propres sensations. Les deux courants philosophiques aboutissaient naturellement au scepticisme, mais ce fut l'école sensualiste qui le formula d'abord dans les doctrines de Berkeley et de Hume. Berkeley tira le premier cette conséquence immédiate de la doctrine de Locke, qu'il n'y avait pas de réalité pour l'homme en dehors de sa pensée, tandis que David Hume poussa cette conclusion plus loin en montrant qu'il n'y avait pas de preuves d'une réalité quelconque derrière les phénomènes changeants créés par la pensée humaine. Le scepticisme de Berkeley et de Hume a été certainement beaucoup plus profond et plus créateur que le doute des sophistes, mais au fond ils ont eu la même origine : l'insuffisance du point de vue réaliste, et le même résultat : la transition à une conception du monde tout idéaliste.

Tout comme les sophistes, dans le monde antique, en faisant surgir devant l'humanité le dualisme de la matière et de l'esprit, l'avaient poussée à rechercher la réalité dans le monde de la pensée, le scepticisme de la fin du xviii® siècle a ouvert la voie à Kant.

Il est évident que la doctrine de Kant diffère, dans un grand nombre de détails, de celle de Platon, mais, d'un autre côté, il est incontestable que le monde des noumènes de Kant, dans son principe, est identique au monde des idées de Platon. Schopenhauer le comprend très bien, lorsqu'il dit, dans sa critique de la philosophie kantienne (p. 536), que « ce fut entièrement par sa propre pensée, d'une manière toute nouvelle... et en suivant une voie toute nouvelle, qu'il établit *la même vérité que Platon* ne se lassait pas de répéter et qu'il exprimait dans sa langue généralement de la façon suivante : le monde qui apparaît aux sens de l'humanité n'a pas d'existence réelle, n'est qu'un continuel changement... qu'une phantasmagorie. » Le même principe donna naissance, dans le monde antique, à une vision beaucoup plus colorée, imagée, en même temps que plus simple que le monde abstrait des noumènes ; mais cela n'empêche pas qu'au fond la conception soit la même et qu'elle échoue contre le même obstacle : l'insuffisance de cette hypothèse pour expliquer la réalité des choses sans établir un lien entre le monde de la matière et le monde des idées. Cette seconde période, dans le monde moderne, s'étend de Kant à Hegel. Par suite d'une plus grande puissance d'abstraction et d'une plus longue culture intellectuelle, cette période, au commencement du xix⁰ siècle, présente des systèmes plus variés et plus compliqués que l'ébauche géniale de Platon. Si Platon explique par des mythes, c'est-à-dire d'une façon insuffisante pour le philosophe, le lien entre le monde des idées et le monde de la matière, la philosophie moderne est allée plus loin. Nous voyons, dans le système de Fichte, un essai pour trouver ce lien dans la pensée subjective, dans le « moi » individuel. On remonte, pour ainsi dire, à l'origine même de la conscience, à l'opposition du « moi » et du « non-moi » ou monde extérieur, sans pouvoir surmonter ce dualisme, faute de connaissances suffisantes dans la psychologie expérimentale. Et il faut que l'humanité repasse encore une fois par un monisme apparent, comme celui d'Aristote, dans le système de Hegel. Seulement, si le monisme d'Aristote était au fond un monisme matérialiste, le monisme de Hegel est idéaliste : le premier était un monde de choses qui renferment leur but, le second est un monde d'idées qui se réalisent dans la matière. Pour le premier, il y a identité de la vie et de la pensée, pour le second, il y a identité de la pensée et de la vie. Pour Aristote, tout ce qui existe, a un but et un sens inhérent, pour Hegel, tout ce qui est objet de pensée, est objet de vie, de réalité.

Hegel établit lui-même, avec une précision admirable, la différence qui existe entre son système et les doctrines de Platon et de Kant, en disant que « le vrai idéalisme consiste justement dans la conception que... l'existence des choses matérielles n'est qu'une apparence, qu'une série de phénomènes. *Les idées générales des choses,* par contre, dit-il, ne sont ni subjectives, ni personnelles, mais sont les « *noumènes* » mêmes *des choses, le vrai, objectif et réel,* qui correspond à leurs apparences phénoménales : seulement *ces idées générales ne se trouvent pas quelque part dans le lointain comme celles de Platon,* mais présentent les *espèces substantielles* qui se manifestent dans l'infinie variété des choses[1]. » Ensuite il définit, dans les termes suivants, l'identité de son point de vue à celui d'Aristote[2] : « La conception téléologique, qui était jadis tellement en vigueur, se basait, il est vrai, sur un principe spirituel, mais ne pouvait établir que la finalité extérieure des choses... Cependant l'idée d'une fin des choses de la nature peut être comprise non seulement dans le sens extérieur, comme lorsqu'on dit : « La laine des moutons existe pour que les hommes puissent en faire des vêtements, mais également dans le sens d'une *fin intérieure* qui serait *identique à la*

---

1. Hegel, *Philosophie de la nature,* § 244.
2. *Ibid.,* § 245 app.

nature même de la chose et qui contiendrait, comme la semence d'une plante, la possibilité réelle de tout ce qui s'en développe. *Ce sens de la fin a déjà été compris par Aristote,* qui l'avait reconnu dans tout l'univers et défini comme la « nature des choses ». C'est pourquoi leurs systèmes, au premier abord totalement différents, sont au fond identiques. Ils paraissent différents, car le monde d'Aristote est un monde de matière qui renferme la pensée, et le monde de Hegel est un monde de pensée exprimée dans la matière. Ils sont équivalents, car, pour les deux, il y a identité entre la matière et la pensée. Ils sont également sublimes et également insuffisants, car, expliquant tout, ils n'expliquent pas leur propre base : ce principe d'identité. C'est pourquoi la période qui suivit le premier enthousiasme avec lequel on accueillit la philosophie de Hegel, est caractérisée par les mêmes symptômes que l'on voit dans le monde antique : la philosophie objective ayant atteint le point culminant de son développement dans la synthèse hegelienne, l'intérêt de l'humanité se porte de la nature des choses sur la nature de l'homme. Nous voyons d'abord Schopenhauer qui reconnaît dans la volonté un processus plus profond que la pensée, car, la pensée, selon lui, ne saisit que l'apparence des choses. Il pose une limite infranchissable à l'intelligence humaine et montre à l'humanité que la « volition » est la seule « chose en soi, la seule réalité métaphysique dans un monde où tout le reste n'est qu'apparence[1] ». Cela le fait conclure que l'homme ne peut se libérer de la domination de ce monde extérieur, ni affirmer l'indépendance de son « moi », que par l'ascétisme et par l'anéantissement de sa volonté individuelle. Si la volonté devient centre de la philosophie de Schopenhauer et joue un rôle analogue à celui qui lui appartenait jadis dans la doctrine des stoïciens, nous voyons l'intérêt considéré comme principal moteur de la vie chez Bentham et Stuart Mill dans un sens tout épicurien. C'est l'opposition de ces deux doctrines que Guyau a voulu caractériser en disant[2] que « la lutte ardente entre les épicuriens et les stoïciens, qui dura autrefois pendant cinq cents ans, s'est rallumée de nos jours et s'est agrandie ». Seulement l'esprit moderne, engagé dans cette voie, a trouvé un champ d'études beaucoup plus vaste que celui qui s'offrait aux anciens. Pendant que la philosophie objective glissait à un vague éclectisme, un but nouveau s'est présenté à l'homme : ce n'est pas seulement quelques éléments de la nature humaine, comme la volonté ou la jouissance, c'est tout l'être humain, toute son essence physiologique et psychique qui est devenu

---

1. Schopenhauer, *Wille in der Natur*, p. 202.
2. Guyau, *La morale d'Épicure*, p. 14.

un objet d'études. Bientôt, les grands progrès des sciences positives permirent de découvrir des lois nouvelles de la vie non seulement dans la nature humaine, mais dans tout l'univers, et ces études absorbèrent l'énergie de toute une génération de savants. Cela fit conclure à Auguste Comte que l'humanité était sortie de l'ère des hypothèses métaphysiques, pour entrer dans celle d'une philosophie positive, dont le rôle se réduirait à l'unification des résultats obtenus par les sciences. Mais cette croyance ne dura pas longtemps : l'inconnu du monde, malgré les progrès les plus rapides, étant infiniment plus grand que le connu, un découragement succéda à cette confiance absolue en l'avenir des sciences positives, et fut suivi d'une réaction vers le mysticisme. L'apôtre même du positivisme, Auguste Comte, y revint vers la fin de ses jours.

Cependant le mysticisme ne pouvait pas prendre racine, ni provoquer un retour de la pensée humaine vers une nouvelle synthèse religieuse, au milieu des progrès scientifiques du xixe siècle. Il fit bientôt place à de nouveaux essais d'une synthèse philosophique. L'humanité renonçait à attendre le progrès sûr, mais trop lent, des sciences, et se lançait de nouveau dans la voie des hypothèses. Nous approchons maintenant du moment le plus difficile à analyser, parce qu'il est très près de nous, et que l'activité intellectuelle de cette époque a été très grande et a produit des systèmes très variés. Cependant ils nous paraissent si nettement caractérisés que nous n'hésitons pas à en donner une définition en quelques mots. Le positivisme avait fait ressortir l'idée de l'évolution dans toutes les branches des connaissances humaines, et plus la science projetait de clarté dans les ténèbres de l'inconnu, plus l'idée d'une causalité universelle se dégageait partout. Malgré cela, la nature et la vie présentaient encore bien des énigmes et bien des phénomènes inexplicables. Deux voies étaient ouvertes aux philosophes. Ils pouvaient, premièrement, se baser sur la loi d'une causalité absolue dans le domaine de la science, pour conclure à l'existence d'un déterminisme universel, c'est-à-dire même dans les parties de l'univers qui restent pour nous pleines de mystère et d'inconnu. Telle a été la position prise par M. Fouillée dans sa thèse sur *la Liberté et le déterminisme* parue en 1872. Mais cette conclusion ne se trouvait pas du tout d'accord avec l'état d'esprit général de l'époque. L'insuccès trop récent de la conception hegelienne lui avait donné une tout autre direction. L'impossibilité actuelle d'étendre le déterminisme scientifique à toutes les sphères de la connaissance, avait amené la conclusion qu'il existait une limite infranchissable à la pensée, derrière laquelle se trouvait le domaine de l'Inconnaissable. Si de notre temps cette théorie de l'Inconnaissable développée dans les systèmes de Hartmann et de Spencer ne dégénère pas en croyance à l'occultisme, aux forces mystérieuses de la nature et à la communion mystique avec ces forces, c'est que nous avons le ferme appui des sciences positives qui manquait à l'antiquité. Néanmoins les doctrines de ce temps présentent des traits caractéristiques d'une ressemblance frappante avec l'état d'esprit général qui précéda l'apparition du christianisme.

N'avons-nous pas dans le néo-criticisme de M. Renouvier et dans la thèse célèbre de M. Boutroux, *sur la contingence de lois de la nature*, de véritables essais d'une nouvelle synthèse religieuse? M. Boutroux croit avoir prouvé que « les lois de la nature ne se suffisent pas à elles-mêmes et ont leur raison dans les causes qui les dominent » (p. 8) et arrive à la conclusion qu'il faut « se résigner à mettre dans l'idée de Dieu un principe inexplicable »(p. 181). M. Renouvier, depuis près d'un demi-siècle (*Essais de critique générale*, 1854) travaille à une conception de la vie basée sur le principe de la *relativité* et de la *limitation* de toute connaissance à la *personnalité* du sujet pensant. En prenant la pensée individuelle comme la dernière et la plus profonde réalité accessible à l'homme, il ne peut pas sortir du dualisme fondamental de la conscience humaine et refait, de son propre aveu, l'œuvre de Descartes en y appliquant les principes de l'idéalisme kantien. C'est-à-dire, pour lui, la pensée et l'étendue existent non pas comme substances objectives, mais comme idées. Pour lui, l'homme ne peut pas savoir si ces idées cachent quelque réalité objective, s'il existe une substance universelle, si le monde est sujet à un déterminisme absolu. Et cependant cette « extrême limitation de la puissance intérieure du moi » n'empêche pas M. Renouvier d'attribuer à la pensée humaine une force illimitée de « projection extérieure » qui lui fait quitter le terrain expérimental et scientifique et l'entraîne dans le domaine de la croyance. Nous y voyons, pour notre part, un retour vers le dualisme de Kant par-dessus Hegel, comme jadis le néoplatonisme avait été un retour vers Platon par-dessus Aristote, témoignant de la même désillusion de l'humanité devant l'insuffisance de son plus grand effort intellectuel vers le monisme. M. Renouvier exprime clairement cette désillusion en disant, avec Platon, « que nous sommes tous des hommes et que, d'après notre nature, nous devons accepter une explication vraisemblable, et n'en pas demander davantage [1] ». C'est ainsi qu'il arrive à des conclusions qui manquent totalement de preuves positives à leur appui. Il est peut-être vraisem-

---

1. Renouvier, *Histoire et solution des problèmes métaphysiques*, 1901, p. 468.

blable que l'humanité ait été à son origine « une société d'hommes libres, immortels et heureux, vivant dans la justice, qui était l'ordre même de l'institution première et que « la chute morale » de l'humanité primitive ait amené « la corruption, les désaffectations partielles du système, et finalement la ruine entière de l'adaptation de la nature à l'ordre de la raison [1] » qui eut pour résultat l'entrée de la mort et du mal dans le monde, mais nous ne reconnaissons à cette cosmogonie de M. Renouvier pas plus de valeur scientifique qu'au dogme religieux du péché originel.

Si nous voyons en France, dans la seconde moitié du XIXᵉ siècle, un retour vers la croyance antiscientifique à un univers d'âmes et de corps dominés par la volonté créatrice d'un Dieu personnel, ne voyons-nous pas en Allemagne, vers la même époque, l'étrange doctrine de Nietzsche qui renie tout à fait la philosophie objective et pousse l'humanité vers un idéal tout actif? Si le surhomme est l'opposé même du chrétien, ce n'en est pas moins un idéal libérateur, comme fut celui du christianisme. Mais la civilisation moderne marche à pas de géant et en deux ans l'humanité fait maintenant plus de progrès qu'elle n'en faisait jadis pendant un siècle. C'est ce qui explique la force actuelle de

---

1. Renouvier, *Histoire et solution des problèmes métaphysiques*, 1901, p. 464-465.

l'esprit scientifique qui rend impossible la transformation de cette croyance à l'Inconnaissable, à la contingence, au dualisme de l'être, en une nouvelle synthèse religieuse. Cette impossibilité d'une religion nouvelle a été admirablement analysée dans le chef-d'œuvre de Guyau l'*Irréligion de l'avenir*. Il devient évident que l'humanité ne revivra pas les siècles de synthèse religieuse pareils à ceux que présente l'histoire du christianisme. Cependant Guyau, qui a sondé le fond même de l'esprit religieux et qui en a montré l'impuissance actuelle, n'arrive pas à établir d'une façon nette et précise, quelle conception philosophique le remplacera dans l'avenir.

Après avoir examiné les différentes solutions métaphysiques, Guyau finit par donner la préférence au monisme, mais il n'arrive pas à prouver que cette préférence ait une base objective en dehors du point de vue subjectif et personnel sur lequel elle semble reposer. Il est vrai que Guyau sent et exprime en poète ce qu'il ne peut pas définir en philosophe, mais lorsqu'il dit « qu'au lieu de chercher à fondre la matière dans l'esprit, ou l'esprit dans la matière, nous prenons les deux réunis en cette synthèse, que la science même est forcée de reconnaître : la vie [1] », il introduit une défini-

---

1. Guyau, *Irréligion de l'avenir*, p. 437.

tion qui nous paraît trop vague pour constituer une synthèse philosophique.

Ce terme de la vie ne peut pas servir de base au monisme universel ; parce qu'il n'implique pas l'homogénéité de la vie consciente et de la vie animale, ni celle de la vie organique et de l'état inorganique des choses. Lorsque Guyau dit que « nous ne savons pas si le fond de la vie est « volonté », s'il est « idée », s'il est « pensée », s'il est « sensation » quoique avec la sensation nous approchions sans doute davantage du point central » et qu'il « nous semble seulement *probable* que la conscience qui est tout pour nous, doit être encore quelque chose dans le dernier des êtres [1] » il exprime comme une vague hypothèse ce qui devait bientôt devenir la base positive d'une conception monistique de l'univers. Si Guyau avait devant les yeux l'évolution intellectuelle de l'humanité telle que nous venons de l'exposer, il aurait pu en déduire, *a priori*, que la nécessité de « saisir dans la pensée » l'unité immédiate et instinctive de l'Être étant l'origine même de la philosophie, il n'y avait qu'un nouveau monisme philosophique qui pût atteindre ce but et remplacer définitivement pour l'humanité les conceptions religieuses du grand mystère de la vie. N'ayant pas l'appui de ce point de

---

1. Guyau, *Irréligion de l'avenir*, p. 437.

vue déductif, il serait probablement arrivé au même résultat, en se basant sur les données inductives des sciences, et il aurait fini par reconnaître ce monisme, auquel appartenait l'avenir, dans l'œuvre d'un esprit intimement lié au sien, dans la doctrine des idées-forces de M. Alfred Fouillée, si une mort prématurée ne l'avait pas enlevé à la science.

Maintenant, c'est à M. Fouillée seul qu'appartient l'honneur d'avoir exprimé le premier, avec certitude, « que toutes les fonctions mentales ont pour *antécédent*, pour *concomitant*, pour *conséquent*, le mouvement dans l'espace « et que » tout processus mental est *sensori-idéo-moteur*, impliquant à l'origine une impression reçue du dehors et à la fin une impulsion transmise au dehors [1] ». Il est arrivé à cette conclusion par la voie inductive en montrant l'insuffisance de l'hypothèse dualiste du double aspect de l'Être représentée par les doctrines de Spencer et de Bain. Le système de monisme expérimental qui a pour base une unité psycho-physique fut exposé pour la première fois dans l'*Évolutionnisme des idées forces* qui parut en 1890 ; il fut complété et développé ensuite dans la *Psychologie des idées-forces* (1891) dans le *Mouvement positiviste et la conception sociologique du monde* et dans le *Mouvement idéaliste et la réaction*

---

1. A. Fouillée, *Évolutionnisme des idées-forces* (*Revue philosophique*, 1890, n° 3, p. 280).

contre la science positive (1896), mais connu depuis plus de dix ans il n'a pas encore produit le changement radical dans la conception philosophique de l'humanité qu'il nous paraît destiné à produire. La faute en est à ce qu'il n'a pas été reconnu à sa juste valeur ni par les contemporains, ni par l'auteur même. On n'a cessé de considérer la doctrine des idées-forces comme une d'entre les hypothèses émises par différents savants, sans remarquer qu'elle constitue une nouvelle synthèse métaphysique du grand courant d'idées vers le monisme universel qui a déterminé l'évolution intellectuelle de l'humanité et qui se manifeste actuellement dans toutes les branches des connaissances expérimentales et inductives de l'homme.

CHAPITRE V

ROLE DE LA DOCTRINE DES IDÉES-FORCES

La science positive du xix° siècle peut compter, parmi ses plus glorieuses conquêtes, celle d'avoir établi la présence du même fond biologique dans différentes formes de l'Être. Depuis que Claude Bernard a montré qu' « il n'y a, en réalité, qu'une physique, qu'une chimie, qu'une mécanique générale dans laquelle rentrent toutes les manifestations phénoménales de la nature, aussi bien celles des corps vivants que celles des corps bruts et que « sous le rapport physico-chimique la vie n'est qu'une modalité des phénomènes généraux de la nature » qu' « elle n'engendre rien » et ne fait qu'emprunter « ses forces au monde extérieur », la voie était ouverte à l'unification du monde inorganique, qui paraissait mort, et de la vie organique de la nature. « La matière morte et la matière vivante, dit M. Sabatier, ne sont pas deux choses absolument différentes, mais représentent deux formes de la même matière, ne différant que par des degrés, parfois même par des nuances, si bien même qu'on n'a pas en réalité le droit de parler de matière morte et de matière vivante, et qu'une distinction seule est légitime, celle d'une matière à vie lente et sourde d'une part et celle d'une vie plus rapide et plus éclatante d'autre part[1]. » Un rapprochement analogue se produisit en même temps entre les deux fractions du monde organique, entre le règne végétal et le règne animal. « L'unité du protoplasme, dit Claude Bernard, établit l'unité physiologique des deux règnes organiques, en leur donnant à tous les deux un substratum de sensibilité. Les plantes possèdent, comme les animaux, au degré et à la forme près, la *sensibilité, cet attribut essentiel de la vie.* Réunissant la sensibilité consciente, la sensibilité inconsciente, l'irritabilité, je crois établir que ce sont là trois expressions graduées d'une seule et unique propriété, la sensibilité, la possession de cette faculté commune démontrant l'unité fonctionnelle des êtres vivants depuis la plante la plus dégradée jusqu'à l'animal le plus riche en organisation[2]. » La seule différence qu'on puisse éta-

---

1. A. Sabatier, *Essai sur la vie et la mort*, p. 64.
2. Claude Bernard, *La sensibilité dans le règne animal et dans le règne végétal*

blir entre les deux, d'après Haeckel, se réduit à ceci : « On pourrait, dit-il, considérer tout organisme végétal, comme une république de cellules, tout organisme animal comme une monarchie. Les cellules végétales, en effet sont en général autonomes, plus homogènes, plus indépendantes les unes des autres et de l'organisme, considéré comme un tout. Les cellules des animaux, au contraire, grâce au progrès de la division du travail, sont plus hétérogènes, dépendent bien plus les unes des autres, et, en vertu d'une concentration plus forte, sont subordonnées, dans une plus large mesure à l'idée d'état[1]. » Après avoir montré l'origine physiologique de la vie dans le protoplasme, les savants découvrent, dans chaque cellule, des rudiments d'activité psychique. « Tout naturaliste, dit Haeckel, qui a, comme moi, observé, pendant de longues années, des protistes unicellulaires, est positivement convaincu qu'eux aussi possèdent une âme. Cette âme cellulaire est, elle aussi, constituée par une somme de sensations, d'idées et d'actes de volonté; les sentiments, la pensée et la volonté de notre âme humaine sont seulement des développements graduels de ceux-là[2]. » Ainsi s'établit, par la science expérimentale, l'homogénéité de l'Être dans lequel des siècles de culture conventionnelle

1. Haeckel, *Le règne des protistes*, p. 20.
2. Haeckel, *Le Monisme*, p. 23.

et d'hérédité avaient habitué l'homme à voir l'apparence trompeuse d'un abîme entre la matière inorganique et la vie, entre l'âme et le corps. Mais la science positive étudie tous ces phénomènes en présumant leur objectivité, c'est-à-dire, comme s'ils existaient en dehors de la conscience humaine. On peut comparer le point de vue de la science avec celui d'un médecin qui examine, dans un miroir, la gorge du malade. Consciemment, il prend l'image pour la réalité. Mais si la science positive ne doit pas avoir d'autre but que celui d'établir l'unité dans cette image, un but plus haut est réservé au savoir suprême de l'homme, à la philosophie : elle doit expliquer le rapport entre l'image intellectuelle et l'esprit qui la perçoit. Il ne suffit pas au philosophe de dire que tout ce qu'il perçoit en dehors de lui, se réduit au même principe biologique, il doit encore expliquer comment il peut le percevoir. C'est ici que commence le rôle du métaphysicien, dont la devise doit être, comme l'a dit Guyau, « hypotheses fingo [1] » : faire des hypothèses là où la science positive se trouve impuissante. Le mental peut n'être qu'un reflet du physique, pareil à l'image que reproduit la surface de l'eau. Tel a été le point de vue de Descartes et de Locke. Le mental peut n'être qu'un autre

---

1. Guyau, *Irréligion de l'avenir*, p. 430.

aspect du physique, se confondant avec celui-ci dans une unité impénétrable à la conscience humaine. Tel est le point de vue de Spencer et de Bain dans la théorie du double aspect de l'Être, qui au fond est identique à la théorie spinoziste des deux manifestations de la substance.

Ces deux conceptions du mental ont pour prémisse l'idée que sa fonction essentielle se réduit à la représentation de l'objet perçu. Pendant bien longtemps l'homme a cru fermement que l'acte de penser signifiait refléter les objets mis en contact : il concevait l'univers soit comme deux substances différentes dont l'une reflète l'autre, soit comme une seule substance qui se manifeste de deux manières différentes, comme sensation de l'existence intérieure et comme reflet de l'existence extérieure. Dans les deux cas, la pensée, ainsi comprise, présentait un phénomène totalement différent de la vie matérielle de l'homme, l'apparition et le progrès de l'élément mental dans la nature humaine étaient inexplicables, et la pensée paraissait se surajouter à l'être en surgissant mystérieusement des profondeurs de l'Inconnaissable. Cependant, à mesure que la science expérimentale montrait la présence d'une conscience obscure dans les animaux et arrivait à découvrir des rudiments de conscience jusque dans les formes inférieures de la vie organique, un rayon de lumière paraissait éclairer les profondeurs les plus reculées de l'être humain, dans lesquelles le phénomène de la pensée devait trouver son origine et son explication.

Il ne restait qu'un pas à faire pour arriver à une synthèse totale des résultats obtenus par la science. C'est à M. Fouillée qu'appartient l'honneur d'avoir fait ce pas. « La vérité selon nous, dit-il, c'est que les *phénomènes mentaux* ne sont point en eux-mêmes, ni primitivement des *représentations*, qu'ils ne le deviennent que plus tard, en vertu de rapports très complexes, dérivés et secondaires. Ils sont en eux-mêmes des *appétitions*, qui, contrariées ou favorisées, s'accompagnent de sensations douloureuses ou agréables : par conséquent, ils sont des actions et réactions... La conception des états mentaux comme représentations est au fond assez enfantine ; à vrai dire, ma sensation du soleil ne représente pas le soleil, et n'en est ni la copie, ni le portrait; *elle est un moyen de passion et de réaction par rapport au soleil*, elle est la conscience d'un effet subi et d'une énergie déployée. De là vient l'illusion qui fait croire à tant de philosophes et de savants que les idées sont des fantômes analogues aux ombres des morts dans les « inania regna ». *Ils se figurent, pour ainsi dire, le monde mental avec le seul sens de la vue*, comme un monde de formes, de dessins et de couleurs, le tout lumineux, mais sans chaleur, sans consistance et sans vie. A ce panorama tout intellectuel, la psychologie des idées-forces doit substituer l'action ; elle doit considérer les idées comme formes, non seulement de la pensée, mais du vouloir : ou plutôt ce ne sont plus des formes, mais des actes conscients de leur exertion, de leur direction, de leur qualité, de leur intensité. Dès lors les idées et les états psychiques pourront redevenir des conditions de changement interne, de vrais moteurs du développement humain, des pulsations de la vie et des tendances de la volonté. En même temps, comme il n'y a point d'état mental sans état cérébral, comme ces deux états sont deux extraits d'une réalité unique et totale qui comprend à la fois tous les rapports mécaniques et tous les faits de sensibilité ou de conscience, les conditions de changement interne se trouveraient être aussi des conditions de changement externe [1]. »

C'est ainsi que l'hypothèse d'un fond biologique de sensibilité universelle, non seulement établit l'unité de tout ce que l'homme perçoit comme monde extérieur, mais en même temps aboutit à la conception du monisme suprême de l'objet perçu et du sujet qui est censé le percevoir. « Le principe d'où part la psychologie des idées-forces,

---

1. A. Fouillée, *Psychologie des idées-forces*, Introd., p. VII.

dit M. Fouillée, est le suivant qui établit l'unité de composition mentale. Tout fait de conscience est constitué par un processus à trois termes inséparables : 1° le *discernement* quelconque qui fait que l'être sent ses changements d'état et qui est aussi le germe de la sensation et de l'intelligence ; 2° un *bien-être* ou *malaise* quelconque qui fait que l'être n'est pas indifférent à son changement ; 3° une *réaction* quelconque qui est le germe de la préférence et du choix, c'est-à-dire de l'appétition... Il s'en suit que la force inhérente à tous les états de conscience, a sa dernière raison dans l'indissolubilité de ces deux fonctions fondamentales : le *discernement* d'où naît *l'intelligence* et la *préférence* d'où naît la *volonté*. Cette unité indissoluble du penser et de l'agir est la loi psychologique d'importance capitale que nous résumons par le terme : idée-force [1]. »

En établissant l'hypothèse que l'idée n'est pas un simple reflet des choses, mais une action de l'énergie vitale, de la même énergie que la science positive nous permet d'observer et d'étudier dans l'univers entier, M. Fouillée pose la base du vrai monisme expérimental. Il n'a plus besoin de recourir aux définitions logiques, comme substance ou cause première, destinées à cacher l'absence

---

1. A. Fouillée, *Psychologie des idées-forces*, Introd., p. VII.

d'un fond positif, lorsqu'il démontre plus loin, dans les termes suivants, la nécessité d'un tel monisme : « Selon nous, dit-il, il faut introduire dans la genèse des idées... un point de vue analogue au système de Laplace, qui, n'admettant qu'une seule et même substance universellement répandue, considère les astres comme formés par la condensation progressive de la nébuleuse en étoiles, en soleils, en planètes. De même, *il n'y a pas* d'un côté une *matière*, un objet, de l'autre un *esprit*, un sujet, l'un faisant le rôle de la terre, l'autre celui du soleil ; il y a *une même réalité*, universellement répandue, qui renferme partout en soi, sous une forme plus ou moins implicite, sensibilité et volonté ; *les idées sont la condensation en centres lumineux et en foyers conscients de ce qui existe partout à l'état nébuleux : sensation et désir*[1]. » Et plus loin (p. 235) : « Si l'on admet le monisme tel que nous l'avons interprété, si nous sommes des sortes de foyers dans lesquels les choses « s'élèvent au rang d'idées », par une intensification de la sourde conscience qui est leur essence, si nous sommes « des concentrations relatives de la sensibilité universelle », il s'ensuit... que nous trouvons dans *l'état de conscience* spontanée *l'immédiation du réel* et du senti ou du

---

1. A. Fouillée, *Le mouvement idéaliste*, p. 95.

pensé, le réel se confondant absolument avec nous. »

Ces *états de conscience spontanée* qui deviennent des *idées-forces*, selon le terme consacré par M. Fouillée, ne sont pas autre chose que l'énergie vitale répandue dans tout l'univers, arrivée à un certain degré d'intensité où elle devient consciente. Telle est la conception moniste de M. Fouillée, qui certainement n'a pas éclairé, dans toutes ses profondeurs, le mystère de la pensée, mais qui n'en est pas moins, à nos yeux, d'une importance capitale. On pourrait objecter que le fait seul de constater que l'énergie vitale devient consciente, n'explique pas comment cela se fait. Ce fait, sans doute, n'explique pas encore, mais il rend l'explication possible dans l'avenir. Comparez l'idée d'un homme inculte, à demi sauvage, qui voit pour la première fois une allumette produire le feu, avec l'idée d'un homme habitué à ce phénomène, puis avec l'idée d'un homme qui en connaît l'explication scientifique. Pour le premier, c'est un miracle, le feu étant totalement différent du bois. Pour le second, c'est un phénomène naturel, bien des fois observé dans la vie : il sait que ce fait se produit par suite d'un lien matériel entre le feu et le bois, tout en ignorant quel est ce lien. Il n'y a que le troisième, celui qui connaît la théorie de la combustion, qui puisse concevoir clairement l'essence de ce phénomène. La théorie de M. Fouillée nous laisse à la seconde étape du chemin que nous venons d'indiquer. Nous ne comprenons pas encore comment cela se fait, mais nous savons déjà que ce n'est pas un miracle, qu'il n'y a pas d'abîme entre la pensée et la matière, et nous entrevoyons déjà le chemin par lequel nous arriverons à l'entière compréhension de ce fait. M. Fouillée l'indique clairement dans sa Psychologie des idées-forces, en définissant, dans les termes suivants, ce qu'il faut entendre par la conscience [1] : « Les difficultés que les métaphysiciens accumulent sur cette question, dit-il, viennent de la façon artificielle dont ils posent le problème... Ils partent d'abord d'un moi qu'ils supposent tout formé et fermé, d'une monade en possession de soi par la conscience... La vérité, c'est qu'au début la conscience est une collection de sensations multiples, de phénomènes et de représentations de toutes sortes, un panorama diversifié et confus, une procession vertigineuse d'apparences changeantes. La seule unité est l'appétit sourd de vivre qui subsiste sous cet amas incohérent et qui se sent vaguement lui-même. Mais cet appétit ne dit pas encore moi, ne se représente pas en opposition et en séparation avec un monde extérieur. Nous

---

1. A. Fouillée, *Psychologie des idées-forces*, vol. II, p. 15.

n'avons donc, dès l'origine, qu'un sentiment très vague d'unité et un sentiment plus clair de pluralité : en outre nous avons le sentiment du désir et celui de l'opposition du désir. Le reste n'est plus qu'une affaire de groupement et de classification », et, ajoutons-nous, de développement surtout, car l'éveil de la conscience se fait dans un corps de nouveau-né, dont les organes sont dans un état embryonnaire, et le « moi » moral devient plus complexe à mesure que l'être physique se développe.

« La conscience, poursuit M. Fouillée, se polarise spontanément, et les deux pôles sont le *voulu*, le *non voulu* ;... les appétitions et les sensations se distribuent régulièrement selon leurs rapports de fait, si bien que, pour notre conscience, des *centres* divers se forment dont l'un finit par s'appeler *moi*, et les autres *vous*, *lui*, etc. » Et ailleurs [1] : « Point n'est besoin, dit-il, d'une faculté extraordinaire et mystique pour concevoir une négation... La *différence* est la chose du monde qui nous est le plus familière, puisque nous n'avons une conscience distincte que des différences ; nous sommes donc habitués à concevoir ou le contraire de ce que nous sentons ou quelque chose de différent. Un son n'est pas une couleur ; il est non-couleur, autre que couleur. Nous n'avons

---

1. *L. c.*, p. 14.

qu'à continuer ainsi : quand nous arriverons au groupe de sensations, émotions et appétitions qui nous constituent, il ne nous est pas difficile de concevoir — ou plutôt, disons-nous, de nous habituer à concevoir — autre chose que notre moi, comme nous concevons autre chose que la couleur, ou le son, ou l'odeur... Nous retrouvons dans ce non-moi des mouvements et des formes qui nous sont connus en nous-mêmes. Nous y voyons notre image comme en un miroir, mais une image qui se retourne contre nous, nous bat, nous fait mal, nous résiste : le non-moi devient autrui, il devient *vous* ou *lui*, un autre être en chair et en os. » N'y a-t-il pas dans ces mots un éclair de lumière pour la conception de l'énergie vitale qui devient consciente? Ne voyons-nous pas le chemin que prendra la psychologie expérimentale pour percer les ténèbres de ce profond mystère? Cette faculté de saisir la différence, ne la connaissons-nous pas chez les animaux? Un chien qui regarde par la fenêtre et qui reconnaît, à travers les vitres, un autre chien qui se promène sur le trottoir en face, ne possède-t-il pas un peu de ce pouvoir de discernement, la faculté de saisir une différence? Il ne confondra le chien ni avec un cheval, ni avec un homme, et, en même temps, il est trop loin pour le reconnaître par le flair. Chose plus curieuse encore, on a vu des chiens appartenant à des militaires, reconnaître dans la foule des gens portant le même uniforme que leur maître. Il ne peut donc pas être question de flair ; c'est une preuve indubitable de leur faculté de discerner la couleur et la ligne. La plupart des psychologues modernes y voient une demi-conscience. D'un autre côté, n'y a-t-il pas des hommes, des idiots de naissance qui n'ont aucune conscience de leur moi? La conscience humaine n'est en réalité que le résultat d'un très lent développement, de cette faculté primitive de saisir une différence dont nous voyons l'expression rudimentaire dans les cornes de l'escargot. Peut-être, la conscience animale qui a la même origine, est-elle également perfectible ? Si l'on objecte qu'il est impossible de concevoir un si lent développement de la conscience, qui, après son éveil, aurait fait de si grands et de si rapides progrès, nous opposerons le fait que toute l'histoire de l'esprit humain présente une succession de sauts brusques et énormes. Le XIXe siècle en est la meilleure preuve : chaque nouvelle découverte scientifique a entraîné l'humanité dans la voie du progrès avec une rapidité prodigieuse. Il y a des époques où l'humanité, en cinq, six années, a fait plus de progrès que durant tout un siècle. Le système de Galilée, par exemple, ou la philosophie de Kant, lui ont fait faire des sauts énormes. D'un autre côté, pendant dix siècles, du vi⁰ siècle de l'ère chrétienne au xvii⁰, la conception du monde n'avait presque pas avancé.

Nous devons prévoir une dernière objection qu'on peut nous faire. Le monisme expérimental des idées-forces, tout en présumant l'unité du physique et du psychique, doit se réduire, en dernier lieu, à un de ces deux moments logiques. Est-ce l'âme qui se réduit à une fonction du corps, comme dans le système d'Aristote, ou le corps qui se réduit à un épiphénomène de l'esprit, comme dans celui de Hegel? Dans les deux cas, la doctrine des idées-forces partagerait l'insuffisance de ces deux points de vue opposés. On peut nous objecter qu'il ne suffit pas de croire à une réalité universellement répandue, qui renferme partout en elle, sous une forme plus ou moins implicite, sensibilité et volonté ; pour notre conscience, cette réalité doit être soit d'une essence matérielle, soit d'une essence immatérielle. Même si M. Fouillée se refuse, pour le moment, à trancher cette question, en objectant l'insuffisance actuelle des données scientifiques, dans l'avenir ses disciples seront forcés d'opter pour l'un ou pour l'autre, et alors ce nouveau monisme se trouvera aussi insuffisant que l'ont été ceux d'Aristote et de Hegel.

Tout en reconnaissant l'importance actuelle de

cette objection, nous croyons pouvoir lui opposer un fait qui se dégage de l'étude des sciences positives, et qui pourra la supprimer dans l'avenir. Ce fait est la relativité des notions mêmes du matériel et de l'immatériel. Si nous essayons de suivre la physique et la chimie modernes, dans leurs recherches des éléments primordiaux de l'être vivant, nous verrons que le terme de la divisibilité de ce que nous appelons matière, se perd dans la notion de l'infiniment petit. Si la physique a trouvé, dans la cellule, le dernier degré de la décomposition du tissu, l'analyse chimique est allée encore plus loin en montrant que la substance de la cellule n'est pas homogène, car elle présente un composé d'albuminoïde de carbone, d'hydrogène, d'oxygène et d'azote. Cette découverte a permis de conclure que la cellule, qui ne se prête pas à une division physique, doit se décomposer en parcelles réelles, quoique invisibles, de ces éléments. C'est ainsi que la science a introduit la division hypothétique en molécules et en atomes qui se mesurent par des millionièmes de millimètre et qui sont inaccessibles aux instruments d'optique les plus perfectionnés. Si l'on considère, en même temps, que d'après les calculs scientifiques cités par L. Bourdeau[1], il se produit dans l'organisme hu-

---

1. L. Bourdeau, *Le problème de la vie.*

main un renouvellement continuel de 128 millions de cellules par seconde, on doit conclure que l'esprit humain ne peut concevoir le fond réel du processus vital autrement que dans un mouvement continuel pareil à un tourbillon vertigineux d'éléments infiniment petits.

Par conséquent, il est évident que le fond réel de la vie physique échappe à nos sens et que notre vision actuelle de l'organisme vivant n'est qu'une image trompeuse, due à la faiblesse de nos moyens de perception. La notion même de l'atome, telle que l'établit la science moderne, se trouve en contradiction directe avec celle de la durée dans l'espace et dans le temps, et lorsque nous croyons saisir l'existence d'un corps physique, nous ne saisissons que la continuité d'un mouvement produit par des éléments imperceptibles. D'un autre côté, si nous poursuivons l'analyse des rudiments psychiques de la vie, nous les verrons se confondre avec les éléments infinitésimaux de la vie physique. L'étude du monde microscopique des protistes unicellulaires a montré, dans ces organismes imperceptibles à l'œil nu, des signes indubitables d'appétition ou de répulsion à l'approche des corps voisins. Graduellement toutes les sensations de notre « moi » comme la faim, la soif, la douleur, etc., se sont décomposées en une infinité de sensations cellulaires, obscures ou à demi conscientes, dont nous ne percevons l'existence que lorsqu'elles sont réunies en un faisceau et éclairées à la lumière de la conscience individuelle. Mais si nous essayons d'établir le terme final de cette décomposition, si nous recherchons les éléments primordiaux de toute sensation, nous verrons que ces rudiments d'activité psychique échappent également à nos moyens de perception. Cette transition d'une infinité de sensations cellulaires imperceptibles, en une conscience claire et individuelle, ne doit pas plus nous étonner que l'existence d'un corps visible composé de molécules insaisissables à l'œil. Jusqu'à un certain moment tout échappe à notre conscience comme à notre vue, après ce moment tout devient clair et visible.

Quels seront les progrès scientifiques que nous réserve l'avenir ? Peut-être, un perfectionnement du microscope nous permettra-t-il de reculer encore les limites de l'invisible ? Toutefois, si nous considérons que les molécules, qui se mesurent par des millionièmes de millimètre, échappent aux microscopes les plus forts, et que, d'après les calculs de Schutzenberger, une molécule d'albumine contient plus de 1,100 atomes, nous avons tout lieu de conclure que le fond réel du processus biologique ne se confondra jamais avec la notion de l'existence matérielle. C'est pourquoi nous croyons que dans l'avenir le monisme expérimental des idées-forces ne se réduira ni à l'essence matérielle, ni à l'essence immatérielle puisque ces deux formes de l'être n'en saisissent pas la réalité dernière et ne représentent que les bornes actuelles de notre perception et de notre entendement.

CHAPITRE VI

ORIENTATION ACTUELLE DE LA PENSÉE PHILOSOPHIQUE

Plus de dix ans se sont passés depuis l'apparition de la doctrine des idées-forces. La tendance générale à une synthèse moniste des résultats obtenus par les sciences positives, n'a fait que progresser. Rien que dans les trois dernières années, nous pourrions citer une série de travaux remarquables qui poursuivent ce but, tels que *Le Problème de la mémoire* par le Dr Sollier, *La Constitution du monde* par Mme Royer, *Genèse de la matière et de l'énergie* par M. Despaux, etc. Le premier de ces livres porte en sous-titre : essai de psycho-mécanique, et tend « à ramener les phénomènes psychiques aux lois de la physique générale, en les considérant comme une forme spéciale d'énergie [1] » ; Mme Royer poursuit un but analogue dans son étude consacrée à la dynamique des atomes, en essayant de démontrer que chaque atome est à la fois esprit, force et matière, « c'est-à-dire sensibilité passive, volonté spontanée et activité motrice » (p. 75). M. Despaux arrive à la conclusion que « la matière pondérable est une sorte de matière animée d'une vraie vie, précurseur de la vie organique... », et « conséquence paradoxale, dit-il, c'est non pas l'atome proprement dit qui constitue vraiment la matière, mais le mouvement rotatoire qui l'anime... La matière est donc bien vraiment formée d'une substance immatérielle et éthérée » (pp. 227-231). N'oublions pas l'œuvre posthume de M. Louis Bourdeau, *Le Problème de la vie*, dans laquelle il résume toutes les preuves de l'unité biologique de l'être et conclut « qu'il faudrait non plus opposer la matière et l'esprit comme des essences absolues et contraires, mais les tenir pour consubstantiels et inséparables ». Selon lui, « on aurait de l'homme et de l'ensemble des choses une idée plus exacte si, au lieu de les croire composés de deux natures disparates, l'une inconsciente et passive, l'autre intelligente et active, on les faisait dériver d'un fond unique de réalité qu'imprègnent les mêmes forces qu'*animent à di-*

---

[1]. *L'année philosophique*, 1900, p. 187.

vers degrés le sentiment, la pensée et la volonté, dans lequel enfin l'esprit et la matière, le mécanisme et le psychisme, unis par un indissoluble accord, se confondent et s'identifient » (p. 79-80).

On pourrait citer encore l'essai d'une biologie chimique de M. Le Dantec intitulé *L'Unité dans l'être vivant*, l'*Examen psychologique des animaux* par M. Hachet-Souplet, etc., etc., mais il est inutile d'aller plus loin, car cet aperçu est déjà suffisant pour montrer que la pensée moderne travaille incessamment dans la direction du monisme expérimental, et que chaque jour apporte des preuves nouvelles de l'unité biologique de l'être. Il nous paraît d'autant plus étonnant que ces conquêtes du monisme scientifique n'aboutissent pas toutes à un monisme philosophique, car M. Hachet-Souplet admet finalement un principe théiste, M. Despaux déclare qu'il entend rester sur le terrain de la physique et s'abstenir de toute incursion dans le domaine de la philosophie, et, d'un autre côté, malgré toutes ces preuves du monisme universel, de nombreux partisans du néo-criticisme et des penseurs profonds qui cherchent la solution de l'éternel problème, en se basant exclusivement sur les données de leur propre expérience, arrivent de nos jours à reconstituer l'antique dualisme de l'âme et du corps, et même à le couronner par une synthèse religieuse. Nous en voyons la seule explication possible dans le fait que l'humanité, n'ayant pas une idée claire et précise du caractère que doit offrir le terme final de ses recherches, ne reconnaît pas, dans la doctrine des idées-forces, une nouvelle et plus haute étape de son développement intellectuel.

Tant que ce fait n'aura pas été reconnu et que le rôle du monisme n'aura pas été déterminé comme dirigeant l'évolution intellectuelle de l'humanité, la philosophie n'avancera qu'à tâtons et risquera de faire bien des écarts inutiles. Nous en avons une preuve très curieuse dans les travaux de M. Bergson et de M. Boirac, qui présentent un sujet d'études du plus haut intérêt au point de vue de l'évolution que nous venons d'exposer. Prenons d'abord l'œuvre de M. Bergson, *Matière et mémoire*, et tâchons de dégager de cette profonde et subtile analyse, le point de vue général de l'auteur. Voici un fragment qui le caractérise entièrement : « La vérité est qu'il y aurait un moyen, et un seul, de réfuter le matérialisme : ce serait d'établir que *la matière est absolument comme elle paraît être*. Par là, on éliminerait de la matière toute virtualité, toute puissance cachée, et les *phénomènes de l'esprit auraient une réalité indépendante*... Telle est précisément l'attitude *du sens commun* vis-à-vis de la matière, et c'est pourquoi *le sens commun croit à l'esprit* » (p. 67). Mais cette conception n'est autre chose qu'un retour au rationalisme, à la croyance de Descartes, que l'esprit perçoit la réalité intégrale du monde extérieur. C'est un oubli volontaire de tout ce qu'a donné la critique de Kant. Et ce retour s'explique par les mêmes causes qui avaient déterminé, au XVIIe siècle, l'apparition du cartésianisme : de nouveau le progrès des sciences, notamment de la physiologie, a imposé la croyance à la réalité du monde extérieur qui en est l'objet. Lorsque nous lisons que « l'ébranlement périphérique, au lieu de se propager directement à la cellule motrice de la moelle et d'imprimer au muscle une contraction nécessaire, remonte à l'encéphale d'abord, puis redescend aux mêmes cellules motrices de la moelle qui intervenaient dans le mouvement réflexe » (p. 15), et tout ce qui s'en suit, nous sentons que l'auteur croit fermement à la réalité des faits qu'il décrit. Il conçoit l'univers comme un ensemble d'*images*, « images perçues quand j'ouvre mes sens, inaperçues quand je les ferme » (p. 1). « *Le cerveau n'ajoute rien à ce qu'il reçoit*... mais il constitue bien réellement un centre où l'excitation périphérique se met en rapport avec tel ou tel mécanisme moteur » (p. 15). « Dans la perception pure, dit-il plus loin, l'objet perçu est un objet présent, un corps qui modifie le nôtre » (p. 262). A cette réalité matérielle, M. Bergson oppose une réalité totalement différente, celle de l'esprit, qui, « prolongeant et conservant le passé dans un présent qui s'en enrichit, se soustrait ainsi à la loi même de la nécessité » (p. 262) et se manifeste surtout dans la mémoire. N'y a-t-il pas là une analogie frappante avec la théorie de Descartes, « d'après laquelle l'âme ne saurait créer dans le mécanisme corporel un mouvement nouveau ; elle ne peut que changer de direction le mouvement préexistant ». Ces quelques fragments nous paraissent suffisants pour caractériser le point de vue de M. Bergson et pour y montrer un retour vers le dualisme réaliste de Descartes. Ne parle-t-il pas lui-même du monde extérieur comme d'une *image* qui constituerait une réalité objective et entrerait intacte dans le cerveau humain par les moyens de la perception ? N'y a-t-il pas là un dualisme réaliste, constitué, d'un côté, par le mécanisme du monde extérieur étendu jusqu'aux fonctions cérébrales de l'homme, et, d'un autre côté, par un « moi » mystérieux, classant, avec une liberté absolue, les « images » auxquelles il ne change rien et qu'il reçoit du « dehors » ? On en trouve l'explication dans le fait que M. Bergson ne voit pas la réelle continuité des efforts faits par l'humanité vers le monisme de sa conscience et ne se rend pas compte des résultats obtenus dans cette voie ; c'est pourquoi il s'est trouvé naturellement et nécessairement au même point de vue du « simple bon sens », qui avait servi de base au réalisme naïf des anciens et au réalisme rationaliste de Descartes. Cela n'empêchera pas M. Bergson de développer la base expérimentale de la philosophie ; mais quant à la synthèse totale, il nous paraît incontestable qu'en le suivant dans cette voie, l'humanité recommencerait, inévitablement, l'évolution philosophique que nous avons déjà observée deux fois dans son histoire.

L'œuvre de M. Boirac, *L'idée du phénomène*, présente un autre exemple de synthèse philosophique, également très intéressant à étudier.

Après avoir analysé, d'une manière très fine et pénétrante, l'opposition du phénomène à l'être, et avoir reconnu qu'en réalité « ils constituent une unité complexe et continue, dans laquelle notre pensée seule les distingue », M. Boirac conclut, avec beaucoup de justesse, que le phénomène « à ce point de vue, n'est qu'un des deux aspects sous lesquels nous envisageons toute l'existence : l'aspect de la différence, de la succession et de la multiplicité », mais que « par cela même il implique l'aspect corrélatif, celui de l'identité, de la permanence et de l'unité » (p. 244). Mais arrivé à cette conception très profonde de la réalité universelle qui doit constituer le fond unique du phénomène et de l'être, M. Boirac n'y voit pas « un processus plus profond que la pensée, un processus d'appéition et de sensibilité universelles ». Ne se rendant pas compte du caractère biologique que doit présenter le vrai monisme philosophique, il enferme toute la réalité dans la pensée et conclut, bien à tort, que s'il est vrai « de dire... que le phénomène ne peut exister sans l'Être, il ne sera pas moins vrai de dire que l'Être ne peut pas exister sans le phénomène ». C'est-à-dire, pour M. Boirac, « ni l'Être ni le phénomène n'existent en soi : l'un et l'autre n'existent que dans la pensée ». Une telle conclusion ne nous étonne pas, étant donné que M. Boirac a complètement négligé la genèse et le développement historique des deux idées qui constituent l'objet de son étude. Ayant pour tout appui le simple bon sens, il en est arrivé à des conclusions qui non seulement sont erronées, mais même contradictoires. Ainsi, après avoir répété, à la page 244, que « l'existence phénoménale est pour nous l'unique type de la réalité » et que la réalité n'« existe que dans notre pensée » il arrive plus loin (p. 344) à la conclusion que « l'univers s'étend, dans l'espace et dans le temps, au delà de notre pensée et de toute pensée humaine ». Toute la fin de son livre est empreinte de cette contradiction. Tantôt il affirme que « nous pouvons sans contredit, concevoir d'autres phénomènes que les nôtres propres ; mais si ce sont des phénomènes, ils doivent comme les nôtres, appartenir à quelque conscience ». Il dit même expressément : « Que toute conscience s'éteigne, et la réalité entière s'évanouit, sans même laisser après elle l'ombre insaisissable du possible. » (p. 244.) Tantôt il conclut « que tout phénomène emporte avec lui-même, contient en soi, son propre sujet conscient, mais il n'appartient pas forcément à une conscience organisée et centralisée comme la nôtre ». (p. 344.) C'est qu'arrivé à ces hauteurs vertigineuses de la spéculation, M. Boirac, qui n'a pas l'appui indispensable du point de vue de l'évolution historique, est entraîné par sa propre pensée et n'arrive pas à reconnaître, avec précision, que tout phénomène constitue une partie de la réalité, sans être pour cela toute la réalité. Si M. Boirac s'était mis au point de vue de l'évolution historique, il aurait vu que les idées du phénomène et de l'Être ont leur origine dans le fait psychologique de la distinction du sujet et de l'objet, qui, selon M. Fouillée, est « constitutive de la conscience claire et déjà implicite dans la conscience obscure ». Ce fait, dont l'origine restera toujours inexplicable, ne pourra probablement qu'être réduit, de plus en plus clairement, à la faculté de sentir une différence, qui se manifeste non seulement dans la nature humaine mais également dans le règne animal et dans le règne végétal. Ce que nous appelons sensation, n'est autre chose que le flair des animaux, ou, à un degré plus obscur, l'état de certaines fleurs qui s'ouvrent au soleil et se ferment à l'approche de la nuit. Tout dans l'univers contient probablement, en germe, la faculté de sentir, c'est-à-dire de distinguer autre chose que soi ; et ce n'est que cette sensation primordiale qui, gagnant en intensité, devient distincte et consciente, et aboutit finalement au rapport de sujet à objet, qui constitue le fond d'une conscience individuelle. Avec ces deux pôles de notre conscience, le « moi » et le « non-moi », commence la formation de son apparent dualisme : c'est-à-dire l'homme saisit d'abord l'opposition du « moi » au monde extérieur et cherche à pénétrer l'essence de ce monde qui paraît dominer son existence individuelle. Peu à peu, il arrive à y distinguer deux principes qu'il retrouve en lui-même, dont l'un qu'il appelle esprit, est intimement lié au fond même de son être, tandis que l'autre, qu'il appelle matière, tout en étant mêlé à son être, lui paraît extérieur. Ainsi, de cette *opposition instinctive* du « *moi* » *au monde extérieur*, naît une *opposition réfléchie* — de *l'esprit à la matière*. Continuant à étudier ces deux mondes opposés, l'homme arrive à la conclusion que ce monde de la matière n'a pas une existence totalement indépendante de l'esprit, car, tel que nous le connaissons, il passe à travers le prisme de notre conscience. Par conséquent il conclut que la vraie conception de l'univers serait celle qui *opposerait* au *monde des apparences*, le monde *des réalités*. Ce monde des apparences s'appelle monde des *phénomènes* et présente le monde de la matière plus quelque chose de donné par notre conscience. Le monde des réalités, tel qu'il est supposé existant en dehors de la conscience humaine, s'appelle monde des *noumènes*. Chacune de ces trois oppositions n'est autre chose qu'une transformation du même rapport « sujet-objet » issu de la même faculté de saisir une différence. D'abord le sujet ne saisit la différence qu'en concevant le « non-moi », auquel il attribue une entière réalité, ensuite il se reconnaît lui-même comme esprit, enfin il arrive à reconnaître en lui-même la réalité apparente que saisit la pensée, et à laquelle il oppose la réalité objective de l'Être. Cette dernière cessant d'être intelligible, devient pour lui un mystère. Il l'appelle, d'un terme purement négatif, noumène (Kant), force inconnaissable (Spencer et Hartmann), jusqu'à ce qu'il arrive, par l'étude psychologique et physiologique de sa propre nature, à découvrir « un processus plus profond que le processus intellectuel, et qui, tout en étant psychique, pourra être en même temps le fond du physique, dans le domaine de l'appétition et de la sensibilité[1] ». Alors, nous

---

1. A. Fouillée, *Le mouvement idéaliste*, p. 93.

voyons l'humanité atteindre une nouvelle étape de son développement intellectuel, où le noumène devient cette réalité universelle que nous connaissons comme « sensibilité et volonté » dans la nature humaine, animale et même végétale, et dont les germes se trouvent sans doute dans les couches les plus profondes de la nature inorganique. Mais pour arriver à cette dernière opposition, celle de la *pensée individuelle à la sensibilité universelle*, il faut, comme dit M. Fouillée, « sortir de la pensée proprement dite : il faut chercher l'origine des connaissances, non dans ses formes intellectuelles, ni dans un acte pur d'aperception, comme le cogito, mais *dans le domaine de l'appétition et de la sensibilité*, dans le sentio et le volo ». Alors seulement on peut comprendre les changements consécutifs subis par la relation intellectuelle de « sujet à objet » qui a sa base empirique dans la faculté primordiale de saisir une différence et dont le rapport de « phénomène à l'Être » constitue une étape nécessaire de développement. La pensée, qui est une forme de la sensibilité universelle, se détache des autres (le « moi »), se reconnaît différente (l'esprit), se croit identique à la réalité intégrale de l'Être (la pensée créatrice d'un monde qui n'existerait que comme représentation) et finalement se reconnaît moindre que la réalité, qui est un processus plus profond et plus vaste que la pensée pure, et dans lequel cette dernière retrouve le monisme qu'elle avait cru perdre en s'en détachant. M. Boirac, malgré toute la finesse de son esprit d'analyse, logiquement ne peut pas arriver à distinguer la pensée de la réalité biologique de l'Être, parce qu'il n'a pas l'appui nécessaire du point de vue de l'évolution historique. C'est pourquoi, après avoir reconnu que « sensations et mouvements ne sont pas deux ordres de faits parallèles », il a tort de conclure que tous « les mouvements se réduisent, s'identifient aux sensations » et que « l'Être n'existe qu'à la condition d'apparaître [1] ». Et cela ne l'empêche pas de proclamer plus loin, en dépit de ses propres conclusions, que « l'univers s'étend... au delà de notre pensée et de toute pensée humaine [2] ».

Nous avons devant nous trois exemples de l'orientation actuelle de l'esprit philosophique dans les œuvres de M. Renouvier, de M. Bergson et de M. Boirac. Le néocriticisme témoigne d'un profond découragement de l'humanité pensante devant l'impossibilité actuelle d'arriver à la connaissance intégrale de la réalité. C'est un mouvement de recul dans lequel l'homme abandonne la suprématie de sa raison devant le spectre mystérieux de l'Inconnaissable ou devant l'antique

---

[1]. Boirac, *L'idée du phénomène*, p. 311.
[2]. *Ibid.*, p. 344.

vision d'une synthèse religieuse. Mais si l'avenir paraît plutôt appartenir aux conceptions de M. Bergson et de M. Boirac, qui constituent un nouvel effort de la philosophie, un nouvel appel aux forces intellectuelles de l'homme, nous voyons que le résultat final de l'un et de l'autre est compromis par le manque d'un point de vue historique et par le défaut d'une notion claire et précise du caractère que doit offrir le terme final des recherches philosophiques. C'est pourquoi nous croyons pouvoir affirmer que les progrès réels de la philosophie sont impossibles en dehors d'un point de vue strictement évolutionniste. Tant qu'il n'aura pas été reconnu que la tendance au monisme détermine l'évolution de la pensée humaine et que les doctrines d'Aristote, de Spinoza, de Hegel et de Fouillée constituent les étapes nécessaires et progressives de cette évolution, l'humanité continuera d'ignorer la seule voie par laquelle elle pourrait atteindre le but de la philosophie, et la pensée des philosophes risquera de faire bien des écarts inutiles.

Si, en retraçant l'évolution de l'esprit humain jusqu'à présent, nous n'avons fait ressortir que les doctrines d'Aristote et de Hegel, sans nous arrêter à celle de Spinoza, c'est que cette dernière, au point de vue logique, a été un monisme incomplet, étant basée sur le réalisme rationaliste. Ce monisme est peut-être le plus digne d'admiration, car il a été au-dessus de son époque ; on pourrait presque l'appeler instinctif, car, ne possédant pas les preuves que nous avons, Spinoza a créé comme s'il les possédait. La « substantia » de Spinoza, la substance universelle qui se manifeste en matière et en esprit, nous semble trouver une explication dans la théorie de M. Fouillée et revêtir, avec cette explication, le caractère du vrai monisme ; mais, du point de vue de Spinoza lui-même, c'était un monisme dont la conscience était exclue, c'est-à-dire un monisme incomplet. C'était donc, chez Spinoza, un trait de génie de prendre comme prouvée une base qui ne l'était pas encore, mais le choix de cette base s'explique clairement par la nécessité d'arriver à l'unité de l'Être. C'est même par là que la philosophie de Spinoza présente un sujet d'étude du plus haut intérêt, car nous voyons en elle la manifestation la plus éclatante de cette tendance au monisme qui, selon nous, constitue la loi fondamentale du développement de l'esprit humain. L'« entelechia » d'Aristote, la « substantia » de Spinoza, l'idée identique à la réalité de l'objet, de Hegel, semblent donc trouver leur vraie expression dans l'énergie vitale qui devient « l'idée-force » d'Alfred Fouillée.

Et, chose remarquable, Hegel lui-même établit l'identité entre son système et celui d'Aristote (voir

p. 70), tandis que M. Fouillée, dans le Mouvement idéaliste, rattache sa doctrine directement à celle de Hegel. En effet, quand il dit que « l'absolue antithèse (Kant) et l'absolue identité (Hegel) entre la pensée et les choses, sont également indémontrables » (p. 223), en rejetant l'absolue identité, il conserve comme base une identité partielle, étant donné que la pensée « enveloppe une partie de la réalité, sans laquelle elle ne pourrait elle-même être réelle ».

Le monisme a donc été le grand phare qui a guidé l'humanité à travers les ténèbres de sa conscience, et tous les philosophes qui ont cherché à l'atteindre, sentaient le lien qui existe entre leurs doctrines, sans se rendre compte que c'était la solution inévitable et uniquement vraie à laquelle l'humanité devait un jour finir par arriver. Si l'on accepte notre conclusion et notre point de vue sur le rôle du monisme dans l'histoire de la philosophie, on y trouvera la conciliation définitive de toutes les doctrines métaphysiques du passé. « La direction moniste, dit M. Fouillée, est, par essence, synthétique et conciliatrice, puisqu'elle croit à l'unité foncière de l'Être [1]. » Seulement, pour lui, la conciliation est restée un postulat idéal, une tendance générale dont il n'arrive pas à dégager une loi ré-

---

1. A. Fouillée, *Histoire de la philosophie*, 9ᵉ éd., Concl., p. 565.

gulière d'évolution. Il s'appuie sur l'analogie avec la sélection des espèces animales, mais il n'arrive à définir le processus de conciliation que d'une manière tout extérieure et descriptive, en disant qu'il se réduit à « concilier en soi les vérités et qualités positives des systèmes inférieurs, en y ajoutant de nouvelles vérités et de nouvelles qualités, qui sont... de nouvelles forces vitales¹ ». Sentant lui-même le vague de sa définition, il dit expressément que la méthode « de conciliation » ne doit être confondue ni avec le scepticisme, qui admet les vérités contradictoires des différentes doctrines, ni avec l'éclectisme, qui se réduit à un choix arbitraire, ni avec l'hypothèse hegelienne qui tombe dans l'excès contraire d'une régularité mécanique (*Avenir de la Mét.*, p. 129, 130). Nous croyons que cette méthode de conciliation, dont M. Fouillée sent profondément l'importance capitale, sans pouvoir la formuler autrement qu'en des termes très vagues, acquiert, de notre point de vue, un sens très précis. Jusqu'à présent, l'essence de la pensée était réduite à la représentation de l'Être, et les philosophes se trouvaient en présence de deux catégories de phénomènes totalement différents. De quel côté se trouve la réalité ? telle était la question capitale. Pour les matérialistes, la pen-

---

1. A. Fouillée, *Avenir de la métaphysique fondée sur l'expérience*, p. 131.

sée reflétait la réalité de la matière, comme un miroir reproduit l'image d'un objet. Pour les idéalistes, les phénomènes de l'être n'étaient que la reproduction, sous une forme passagère, de l'éternelle réalité des idées. Ces deux points de vue opposés avaient donné naissance à deux séries d'hypothèses qui s'excluaient mutuellement. Les essais de monisme que présentent les systèmes d'Aristote et de Hegel, se réduisent, en dernier lieu, le premier à une conception matérialiste, le second à une conception idéaliste, et ils impliquent, par conséquent, tout l'exclusivisme de ces deux points de vue opposés. Le monisme, enfin, tel que l'avait conçu Spinoza, basé sur l'unité mystérieuse de la substance, et tel que le comprend l'agnosticisme moderne, dans la théorie du double aspect de l'Être inconnaissable, contient la négation de l'un et de l'autre, car chacun de ces points de vue paraît insuffisant pour expliquer la double réalité de l'Être. Il n'y a que le monisme des idées-forces, qui ouvre la voie à la vraie conciliation des systèmes, en établissant que la pensée n'est pas un reflet des choses, mais une action de l'énergie vitale, une manifestation de la même réalité universelle que nous connaissons comme phénomènes « d'appétition et de sensibilité » dans la nature entière. Il s'en suit que tout ce que nous saisissons comme formes matérielles des choses, comme désirs, comme idées, se réduit au même fond de réalité biologique. L'idée d'une chose a une base aussi réelle que la sensation physique qu'elle produit, mais on aurait également tort de croire que l'une ou l'autre en constitue toute la réalité. « La pensée proprement dite peut n'être qu'*un effet* » (comme la sensation en est un autre) « *dans un tout dont elle n'est pas séparée* et qui n'est pas séparé d'elle », dit M. Fouillée. « Ce tout... sera pour la science la réalité intégrale, enveloppant la pensée même parmi ses éléments, mais enveloppant *aussi, peut-être, d'autres éléments, plus primordiaux que la pensée*, quoique toujours immanents. Ce peut-être est inévitable. Il ne faut pas en exagérer la portée, comme les illusionnistes ou les mystiques, ni le supprimer comme les hégéliens [1]. » Nos perceptions spéculatives et nos sensations ont pour origine la même réalité qui seulement arrive, quand elle occupe notre conscience, « à un degré supérieur d'une existence essentiellement la même [2] ». Dans cette unité de la pensée et de la sensation, qui a trouvé son expression, pour la première fois, dans l'hypothèse des idées-forces, toutes les doctrines métaphysiques du passé trouvent leur explication et leur conciliation. C'est-à-dire, chacune doit être con-

---

1. A. Fouillée, *Le mouvement idéaliste*, p. 224.
2. *Ibid.*, p. 236.

sidérée comme contenant une partie de la réalité dont la totalité reste jusqu'à présent voilée aux yeux de l'homme. Les conceptions matérialistes du monde, depuis les plus naïves, comme celles des premiers philosophes ioniens, jusqu'au sensualisme de Locke et au matérialisme positiviste du XIXe siècle, trouvent leur explication dans le rapport qui s'établit continuellement et persiste entre l'univers, considéré comme un immense foyer de sensibilité universelle, et chacune de ses parties qui devient centre de sensibilité individuelle dans un organisme vivant. Le seul tort des philosophes a été de croire que la perception matérielle contenait toute la réalité de l'Être. De même, les conceptions idéalistes, depuis Platon jusqu'à Kant, trouvent leur raison d'être, dans le fait que les centres de sensibilité individuelle, par l'intensification progressive de leur propre essence, deviennent des foyers lumineux que l'on appelle conscience individuelle. Seulement, cette perception spéculative ne saisit pas non plus toute la réalité de l'Être. Puisque la même sensibilité est répandue dans tout l'univers et constitue le fond de tout organisme vivant et pensant, un rapport, pareil à un courant électrique, s'établit entre l'univers et chaque organisme nouveau et persiste jusqu'à la destruction de son individualité. La perception obscure transmise par les sens reproduit toutes les vibrations plus ou moins intenses de ce courant, mais à mesure qu'elle devient plus claire, la répétition des vibrations similaires produit la sensation d'une certaine régularité dans ce qui n'était d'abord « qu'une procession vertigineuse d'apparences changeantes ». C'est ce qui explique que le monde éternellement changeant d'Héraclite et des phénoménistes modernes contient une partie de la réalité, de même que les formes fixes des éléates et les noumènes de Kant. Mais les conceptions philosophiques qui se rapprochent le plus de la réalité intégrale sont celles qui ont cherché à établir l'unité de ces deux perceptions dans un système de monisme universel. Ce sont les doctrines d'Aristote, de Spinoza, de Hegel, et de notre temps, la philosophie des idées-forces de M. Alfred Fouillée.

Si l'on accepte notre conclusion et notre point de vue sur l'évolution de la philosophie, il faudra en réformer totalement l'étude. Il faudra caractériser le rôle de chaque doctrine en montrant quelle partie de la réalité intégrale elle reproduit et quelle place elle occupe dans l'évolution que nous venons d'indiquer. Ce serait l'objet d'une étude très vaste sur l'histoire de la philosophie. Ceci n'est qu'une esquisse destinée à servir de point d'appui et de règle d'orientation pour tous ceux qui, comme nous, en éprouvent le besoin dans le labyrinthe des doctrines philosophiques. Quand on a en vue le chemin parcouru par l'humanité vers le monisme de sa conscience, on peut s'arrêter à n'importe quelle étape de ce chemin sans risquer de s'égarer dans les détails et de perdre de vue le sens total du système.

LE MONISME DE SPINOZA

LE MONISME DE SPINOZA

CHAPITRE I

NOTRE POINT DE VUE

Avant de toucher à l'œuvre géniale de Spinoza, nous tenons à établir clairement dans quel but nous le faisons. Sa biographie a été faite bien des fois et sa doctrine a été exposée, avec beaucoup de détails, par tous les historiens de la philosophie des temps modernes. Nous n'avons pas l'intention de refaire leur œuvre, ni de soumettre à notre critique les nombreux commentaires suscités par les écrits de Spinoza.

Cependant, nous croyons avoir le droit d'attirer, sur notre essai, l'attention de tous ceux qui s'intéressent à l'histoire de la philosophie, parce que nous nous sommes proposé d'envisager l'œuvre de Spinoza sous un jour tout nouveau.

Au lieu de l'exposer, dans la plénitude de ses détails, nous voulons en dégager la partie qui la rattache au développement progressif de la conscience humaine. Nous voulons l'analyser comme une étape de l'évolution que présente la succession des doctrines philosophiques et dont nous avons fait une esquisse dans l'essai précédent. Si nous avons choisi Spinoza parmi tous les penseurs qui ont cherché à embrasser la totalité de l'Être, c'est que sa doctrine nous apparaît comme étant le point le plus saillant de cette évolution.

Nous ne saurions pas trouver un plus bel exemple pour montrer ce que peut donner l'étude d'une doctrine du passé, si on la considère comme un moment nécessaire du développement de la philosophie.

Sans revenir ici sur l'analyse de cette évolution, nous nous bornerons à rappeler que les systèmes philosophiques ne peuvent pas être considérés comme des créations isolées et dues au hasard de la production de la pensée humaine. L'histoire de la philosophie présente une succession d'hypothèses qui ont la même origine et qui poursuivent le même but. Nous avons essayé d'établir la loi de cette continuité en montrant, à l'origine de toute philosophie, le dualisme du corps et de l'âme que la conscience humaine cherche à surmonter, pour arriver au monisme dans la conception de l'être humain et de tout l'univers. Telle a été l'origine de la philosophie et sa raison d'être pendant des siècles. Il ne faut donc voir dans la philosophie que le développement progressif de la conscience humaine, déterminé par les lois immuables de la pensée. La pensée est une manifestation de la vie, de la même vie que nous voyons dans l'ordre physique de la nature, mais l'homme ne la conçoit, primitivement, qu'en opposition directe à son corps. La philosophie présente une série de tentatives pour résoudre le problème de ce dualisme, selon la force de la logique et selon l'état des sciences positives du moment. L'humanité les a faites et les répétera tant qu'elle n'aura pas supprimé la contradiction entre le dualisme spéculatif et l'unité instinctive de l'Être.

Cependant, notre point de vue peut devenir d'une importance capitale pour l'avenir de la philosophie. Jusqu'à présent, l'humanité a marché vers le monisme, inconsciente des causes qui déterminaient ce développement de sa pensée. En éclairant l'origine et le sens de cette évolution, nous tâchons de mettre fin aux recherches indécises, sans terme, sans but connu, à ces progrès faits comme à tâtons. En se plaçant à notre point de vue, l'homme pourra embrasser la marche progressive de sa pensée depuis les temps les plus reculés, il pourra se rendre compte du chemin qu'elle a parcouru et en conclure quelle direction elle devra prendre dans l'avenir. Cela lui permettra d'éviter bien des écarts qui, dans le passé, étaient dus à l'ignorance de sa voie. D'un autre côté, l'humanité pourra retrouver, dans les doctrines du passé, les étapes successives de son développement. Du moment que nous considérons l'histoire de la philosophie comme une évolution de la pensée humaine, dirigée vers le monisme de sa conscience, il s'agit de distinguer, dans chaque doctrine, les parties secondaires, pour ainsi dire accidentelles, de ce qui est le résultat de la continuité dans le développement de l'intelligence humaine. Quelquefois cette dernière partie est minime et se trouve complètement engloutie par les écarts de la pensée individuelle. Cela arrive surtout aux époques où le progrès de la synthèse philosophique est arrêté par le manque de connaissances positives. Ainsi, durant tout le moyen âge, pendant que l'humanité vivait son rêve mystique, elle a dépensé ses forces intellectuelles en restant pour ainsi dire au même point. Par contre, après les grandes découvertes du xve et du xvie siècles, son horizon s'est trouvé tellement élargi, qu'elle a pu créer des systèmes dans lesquels le développement progressif de la conscience prime toute la partie individuelle. Ce sont des époques où les philosophes deviennent des représentants de l'humanité, qui concentre en eux toute la force de sa pensée. Alors on voit paraître des systèmes dans lesquels tout le progrès de la pensée humaine se détache nettement, sur le fond déterminé par des conditions historiques et locales, et présente la vérité immortelle qui survit à son auteur et à ses contemporains. Tel a été le cas de Spinoza. La plus grande partie de sa doctrine est déterminée par un élan impérieux de la pensée humaine vers une conception moniste de la vie. C'est pourquoi son système peut présenter un sujet d'études du plus grand intérêt, si l'on arrive à y mettre en relief la structure logique du monisme et si on la considère comme une étape dans l'évolution de notre conscience.

Dans l'essai précédent, nous avons déjà indiqué, outre celui-ci, trois autres moments où l'humanité s'est trouvée le plus près de la conception du monisme universel. Ce sont les systèmes d'Aristote et de Hegel, dans le passé, et la doctrine contemporaine de M. Alfred Fouillée. Ces trois systèmes, avec celui de Spinoza, présentent, dans l'histoire de l'humanité, les moments où la synthèse intellectuelle s'est le plus rapprochée de la réalité de l'Être. Si l'on accepte notre point de vue, l'étude de ces conceptions philosophiques pourra présenter non seulement un intérêt rétrospectif et historique, mais encore un intérêt tout actuel et pratique. Ce n'est pas qu'on puisse y trouver l'expression même de la réalité, ni qu'il faille les accepter intégralement, mais, comme types de monisme, ces doctrines montrent la voie logique par laquelle la pensée a pu approcher de la réalité et pourra, peut-être, l'atteindre dans l'avenir. En les envisageant comme des moments nécessaires de son développement intellectuel, l'humanité acquiert la certitude de sa vraie voie et, par conséquent, elle peut avancer, avec plus de conscience et de lucidité, vers la solution définitive du problème.

Nous y voyons, pour notre part, la seule méthode fructueuse qu'on puisse appliquer aux études historiques dans le domaine de la philosophie. Il faut avouer que l'intérêt général pour l'histoire de la philosophie a considérablement baissé de nos jours. On croirait vraiment que plus on avance dans la connaissance des doctrines métaphysiques du passé, plus on perd l'espoir d'y trouver quelque élément possible d'une conception nouvelle. Nous croyons que la faute en revient à la méthode actuelle de nos études, au fait que jusqu'à présent nous avons méconnu et négligé le lien universel qui explique la succession nécessaire des conceptions philosophiques. C'est pourquoi, après avoir exposé, dans l'essai précédent, les principes d'une méthode nouvelle, nous voulons essayer de l'appliquer à l'analyse du spinozisme.

Voilà ce que cet essai pourra apporter de nouveau à tous ceux qui connaissent déjà Spinoza et ses œuvres. Cependant, comme il n'est pas destiné aux seuls initiés, nous tâcherons, pour ceux qui ne la connaissent pas, d'évoquer l'image vivante du grand philosophe sur le fond historique de son époque. Toutefois, ce ne sera qu'une esquisse qui n'aura pas la prétention de refaire, de toutes pièces, la biographie du philosophe, ni de donner un exposé complet de sa doctrine.

Nous jugerons notre but atteint si, en esquissant, à larges traits, sa vie et ses œuvres, nous réussissons à montrer dans Spinoza le type de l'humanité pensante, à un certain moment de son développement.

CHAPITRE II

ESQUISSE BIOGRAPHIQUE

1. Le caractère de l'époque.

Spinoza est né à Amsterdam, le 24 novembre 1632. Pour caractériser l'époque qui l'a vu naître, il suffit de rappeler que c'était au beau milieu de la guerre de Trente Ans (1618-1648), et que la même année, quelques jours avant la naissance de Spinoza, Gustave-Adolphe, le paladin du protestantisme, avait péri dans la bataille de Lutzen. Pendant que l'Allemagne était déchirée par cette guerre religieuse et que le trône du Saint Empire était occupé par le fanatique Ferdinand II (1619-1637), en France, c'était le triomphe de la monarchie guidée par Richelieu. En octobre de la même année, il avait brisé les derniers vestiges de la féodalité, en faisant exécuter le dernier des Montmorency dans la cour de l'hôtel de ville de Toulouse. Grâce au génie de Richelieu, la faible main de Louis XIII (1610-1643) venait de consolider la monarchie et d'assurer la paix intérieure et la prospérité du royaume.

Des deux grands États du continent où l'esprit critique des temps nouveaux s'était manifesté avec le plus de violence, et avait produit la Réforme, l'Allemagne était en pleine guerre religieuse et ne devait en sortir que totalement ruinée, dévastée et amoindrie. Les cinquante ans qui s'écoulèrent après le traité de Westphalie jusqu'à la fin du XVIIe siècle, comptent parmi les époques les plus sombres de son histoire. Tous les progrès, toute la vie intellectuelle de la nation se trouvèrent arrêtés pendant cette période de lente convalescence. La France, au contraire, était en train de devenir la plus grande puissance de l'Europe, mais l'affermissement du pouvoir royal ne pouvait pas être favorable au développement de l'esprit philosophique. Si les penseurs y étaient à l'abri de l'Inquisition, ils commençaient à sentir le poids de l'autorité royale.

Pendant qu'au Nord soufflait le vent de la révolte contre la domination absolue de la curie romaine, le sud de l'Europe, l'Italie et l'Espagne étaient restés fidèles au catholicisme. A Milan et à Naples les Habsbourg d'Espagne maintenaient inébranlable la domination du catholicisme sur les consciences. L'Église romaine était sortie de sa grande lutte avec la Réformation, amoindrie extérieurement, mais fortifiée intérieurement. Elle avait perdu de grands domaines, mais le concile de Trente avait consolidé son pouvoir sur le monde catholique. L'Inquisition surveillait étroitement toutes les manifestations de la pensée et réprimait, dans le feu et dans le sang, tous les élans de l'esprit nouveau. En 1600, Giordano Bruno subit à Rome le supplice du feu, en 1642 Galilée y fut forcé d'abjurer publiquement sa doctrine. Partout où s'étendait le pouvoir de l'Église catholique, les penseurs étaient menacés de supplices et de mort.

Si l'on jette un coup d'œil sur la carte de l'Europe, au milieu du XVIIᵉ siècle, si l'on considère l'état politique des pays que nous venons de mentionner, la guerre néfaste qui ravageait l'Allemagne, le fanatisme catholique menant l'Espagne à son déclin et exerçant une oppression tyrannique sur les États de l'Italie, le pouvoir royal qui s'affermissait de jour en jour en France et qui marchait vers la révocation de l'Édit de Nantes, nous verrons que le jeune État fédératif des Pays-Bas était le seul pays du continent où la liberté de la pensée pût trouver un refuge.

Ce fait est, pour nous, d'une grande importance.

Il explique comment, au xvııᵉ siècle, où la foi religieuse, catholique ou protestante, fut également intransigeante, la voix d'un philosophe osa s'élever pour réclamer la liberté de penser et de croire. Nous citerons plus loin les paroles mêmes de Spinoza et nous verrons, avec quel calme et avec quelle dignité, il a exposé ses raisons contre le droit que l'Église et l'État s'étaient arrogé sur la conscience humaine. Il faut donc fixer un regard plus attentif sur l'état politique et social des Pays-Bas à cette époque, pour comprendre quel fut le berceau du spinozisme.

Au sortir de la guerre avec l'Espagne, les Pays-Bas étaient une fédération de plusieurs provinces, indépendantes dans leur administration intérieure, mais liées, quant à la politique extérieure, par les États Généraux et par le stathouder, chef du pouvoir exécutif, dont les fonctions étaient héréditaires dans la maison d'Orange.

De ces provinces, très différentes par les mœurs, l'organisation sociale et la culture, la plus importante était la Hollande qui occupait les deux tiers du territoire de la fédération, et dont la capitale, Amsterdam, avec sa banque, était le centre financier des Pays-Bas. La Haye, par contre, avec ses États Généraux, en était le centre politique. Ce jeune État fédératif, à peine sorti victorieux de la lutte acharnée pour son indépendance, a vu sa fortune marcher à grands pas. Les voyages commerciaux et les découvertes des pays nouveaux se succédèrent très rapidement. Dans les premières années du xviie siècle, la Compagnie des Indes Hollandaises, munie de grands privilèges politiques, est fondée à Amsterdam ; en 1650 Henry Hudson fait, pour le compte des Pays-Bas, la découverte du fleuve qui porte son nom ; la même année, un gouverneur hollandais est nommé à Bantam, dans l'île de Java, et des marchands hollandais étendent leurs relations commerciales jusqu'aux ports du Japon. En 1623 surgit, à l'emplacement du New-York actuel, une colonie hollandaise portant le nom de New Amsterdam. Ces conquêtes pacifiques établissent, dans les Pays-Bas, une grande prospérité et un grand bien-être des classes bourgeoises. L'instruction se répand largement dans le pays, et la jeune Université de Leyde en devient le foyer intellectuel. Tout cela fait naître un esprit de tolérance religieuse qui s'étend même aux Juifs et qui va, en 1611, jusqu'à la conclusion d'un traité de commerce avec la Turquie. Au milieu de l'Europe intransigeante du xviie siècle, à côté de l'Allemagne déchirée par une guerre religieuse, on voit, dans les Pays-Bas, les bûchers éteints, les procès de sorcellerie finis et la liberté de conscience, sinon reconnue en principe, du moins tolérée de fait. Grâce à cela, les sectes nombreuses que le protestantisme avait engendrées, s'adonnent, avec ardeur, à l'exégèse des Livres Saints et produisent une floraison de doctrines théologiques ; Hugo Grotius inaugure une ère nouvelle dans l'histoire du droit ; Spinoza proclame la suprématie de la raison sur la foi et atteint le sommet de la spéculation dans un système hardi de panthéisme logique. Les Pays-Bas deviennent alors le vrai refuge des penseurs ; on ose y imprimer et faire paraître des œuvres qui, ailleurs, auraient attiré de terribles persécutions à leurs auteurs.

2. L'esprit du temps.

Nous avons étudié les antécédents politiques et le caractère de l'époque qui vit naître la philosophie de Spinoza. Sur ce fond historique il faut maintenant fixer l'état d'esprit philosophique du temps. C'est cinq ans après la naissance de Spinoza, en 1637, que parut à Amsterdam le *Discours sur la méthode* de René Descartes, qui inaugura l'ère nouvelle de la philosophie. Rejetant les croyances religieuses, ainsi que toutes les autorités de l'antiquité, Descartes fait table rase de tout ce que l'humanité avait acquis depuis des siècles, pour refaire entièrement l'édifice de la philosophie.

C'est là le trait caractéristique de son œuvre qui constitue un véritable renouvellement de la philosophie. Il est vrai que depuis le milieu du xv° siècle, depuis la fondation de l'Académie platonicienne à Florence, un esprit nouveau avait fait son apparition, mais, pendant deux siècles encore, nous le voyons dominé par les doctrines du monde antique. Pour combattre la scolastique du moyen âge, fondée sur une fausse interprétation d'Aristote, il cherche l'appui de Plotin, de Platon et de Pythagore. C'est tout un retour, dans l'Italie du xv° siècle, vers le néoplatonisme et les doctrines mystiques qui avaient marqué la fin du monde antique. Un peu plus tard, au xvi° siècle, l'étude et le culte de la nature font naître le panthéisme naturaliste des Girolamo Cardano, Bernardino Telesio et Giordano Bruno, mais cette poussée enthousiaste de l'esprit nouveau vers le monisme est prématurée, car elle manque de base scientifique et de logique. Giordano Bruno meurt pour le panthéisme sur un bûcher, mais il n'arrive pas à fonder une école. Il peut être considéré comme le précurseur instinctif de Spinoza, mais il resta toujours un philosophe de la Renaissance, qui avait le regard tourné vers l'antiquité.

C'est Descartes qui a consommé la rupture avec le monde antique et qui, par conséquent, doit être considéré comme le vrai fondateur de la philosophie des temps modernes. Il ne cherche plus à concilier les doctrines antiques avec la conception nouvelle de l'univers, tellement changée par les grandes découvertes géographiques, astronomiques et cosmographiques, mais devant le prodigieux entassement des connaissances nouvelles, il pense que l'homme moderne ne peut accepter aucun principe légué par les siècles passés, sans le soumettre à la critique de sa raison. Ne trouvant ainsi aucun point d'appui dans l'histoire de la philosophie, il remonte aux sources mêmes de la connaissance humaine. Il cherche un point de départ qui ne repose sur aucune hypothèse, mais sur l'évidence, et il ne peut le trouver que dans le fait même de la pensée. Puisque je pense, j'existe ; puisque je conçois mon existence, je pense, tel est le point de départ qui, pour Descartes, est hors de doute.

Descartes croit avoir trouvé une base nouvelle à la philosophie, sans se rendre compte qu'il n'a fait que remonter aux éléments primitifs de la conscience humaine, à ses deux pôles, le « moi » qui pense et le « non-moi » ou monde extérieur qui existe. Recommençant à nouveau l'éternel problème, il se trouve logiquement au même point auquel se trouvaient les premiers philosophes grecs ; il croit que la pensée humaine est naturellement opposée au monde de la matière et en saisit toute la réalité. Seulement, pour les Grecs, ce réalisme était irréfléchi, pour ainsi dire, naïf, car ils ne se doutaient même pas que l'idée pût ne pas exprimer toute la réalité de son objet, tandis que, pour Descartes, ce dualisme réaliste était raisonné, car il lui paraissait plus certain que les déductions logiques que l'humanité en avait faites.

Comme les premiers philosophes grecs, Descartes ne reconnaît pas, entre l'objet et son idée, l'existence du prisme de la conscience humaine ; il croit que l'esprit, étant un miroir parfait, reflète la réalité intégrale des choses.

Seulement le réalisme de Descartes est un réalisme rationaliste, c'est-à-dire basé sur la négation logique de toute autre hypothèse, tandis que le réalisme des Grecs était naïvement spontané. En somme il en résulte une conception du monde et de la vie, caractérisée par la même persuasion, que l'homme voit et comprend les objets du monde extérieur dans toute leur réalité, et par la même croyance à la toute-puissance de la raison humaine. Il n'y a qu'à raisonner logiquement pour saisir la réalité des choses. L'année 1637, époque où parut l'œuvre principale de Descartes, marque donc un moment décisif dans l'histoire intellectuelle de l'humanité. Le cartésianisme présente le premier essai de la nouvelle synthèse qui devait dominer les esprits jusqu'à la fin du XVIII° siècle.

Spinoza est né à cette époque où l'humanité, consciente de ses nouvelles forces intellectuelles, et voulant recommencer le problème de la vie, avait cru trouver la synthèse nouvelle qu'elle cherchait, dans le dualisme primitif de sa pensée opposée à la matière.

Il est donc bien naturel que nous trouvions, dans la vie de Spinoza, l'influence directe du cartésianisme entre la négation de la doctrine religieuse des Hébreux et la construction de son système à lui.

Disons tout de suite que la pensée de Spinoza ne s'est pas laissé déterminer par celle de Descartes. Elle est allée plus loin dans son développement, mais dans sa base, elle reste liée au point de vue rationaliste. N'oublions pas qu'à l'école des jésuites de La Flèche, Descartes avait commencé par la plus étroite théologie pour arriver à la négation de toute autorité en dehors de la logique. Son cas moral est presque identique à celui de Spinoza qui, lui aussi, avait commencé ses études à l'école également intransigeante et fanatique des rabbins, et qui, arrivé à la négation, a trouvé le livre de Descartes. Sa rupture définitive avec la synagogue a eu lieu dix-neuf ans après la publication du *Discours sur la méthode* (1637-1656). Il a gardé l'empreinte du rationalisme, ne reconnaissant pas, entre la pensée et le monde extérieur, la présence du lien que Kant a découvert plus tard dans le prisme de la conscience humaine.

Voilà pourquoi, en analysant la philosophie de Spinoza, il faudra l'envisager sur le fond du cartésianisme qui caractérise l'esprit spéculatif de son époque.

3. La vie de Spinoza.

Spinoza est né à Amsterdam, d'une famille de juifs portugais. Ses parents étaient marchands et jouissaient d'une certaine aisance, ce qui leur permit de donner à leur fils une instruction soignée, en vue d'en faire un savant hébraïste. A cette époque Amsterdam, le centre financier de la Hollande, était une des rares grandes villes de l'Europe où les juifs, loin d'être dispersés et de cacher leur religion, formaient une colonie riche et puissante, qui avait trois synagogues et une école dirigée par les rabbins. C'est dans cette école que le petit Baruch Spinoza a étudié la langue des Hébreux et leur doctrine religieuse, depuis les livres saints de la Bible, jusqu'au Talmud et aux écrits des philosophes juifs du moyen âge. Ses maîtres, parmi lesquels on cite Moses Morteira, un des plus célèbres hébraïstes, apprécièrent bientôt ses grandes dispositions pour les sciences et s'habituèrent à le regarder comme un futur pilier du judaïsme. Cependant, plus il avançait dans l'étude de la théologie juive, moins il se sentait persuadé des vérités qu'elle devait contenir. Cette première période de sa vie, qui s'étend jusqu'à l'année 1656, présente une lutte intérieure de sa vive intelligence contre la doctrine des rabbins, et aboutit à son détachement définitif de la religion juive. Sans nous arrêter aux détails, nous signalerons seulement qu'à cette époque, il apprit le latin et prit connaissance du livre de René Descartes à l'école du médecin François van den Ende. On se figure facilement l'état moral du jeune juif, en qui s'étaient concentrées toutes les richesses intellectuelles de sa race, lorsqu'après avoir scruté les profondeurs de la théologie, il en sortait l'esprit désabusé et qu'il eut en mains le *Discours sur la Méthode* !

Ce fut une grande désillusion pour les chefs de la synagogue, lorsqu'ils apprirent la défaillance de Spinoza et qu'ils le virent abandonner les rites de sa religion. Ils n'épargnèrent rien pour le ramener au judaïsme : lorsque l'éloquence des talmudistes se trouva impuissante, ils essayèrent de le corrompre, en lui offrant une pension annuelle de mille florins pour acheter son adhésion apparente à la synagogue ; mais Spinoza refusa sans hésiter. Il se trouva même un fanatique qui essaya de le poignarder, mais qui n'arriva qu'à le blesser.

Cependant Spinoza avait une trop grande réputation d'esprit parmi les juifs, pour que son apostasie passât inaperçue et laissât la synagogue indifférente. L'acte de fanatisme que nous venons de citer montre suffisamment à quel point sa conduite avait excité l'intolérance de la population juive d'Amsterdam. La synagogue, ne pouvant le garder dans son sein, se crut obligée de le répudier avec éclat. Le 27 juillet 1656, Spinoza fut publiquement excommunié et le grand anathème fut prononcé contre lui. Il en fut averti par écrit, car il n'était déjà plus à Amsterdam, la tentative d'assassinat l'ayant forcé de quitter la ville. En quittant Amsterdam, Spinoza ne se considère plus comme appartenant à la communauté juive; il change même son nom juif de Baruch contre celui de Benedict. L'excommunication officielle ne fit que consacrer aux yeux de tous cette décision.

Spinoza avait vingt-quatre ans lorsqu'il quitta Amsterdam. Ayant été obligé de rompre ses relations avec sa famille et avec sa ville natale, il ne se trouva pas dans le besoin, grâce à un sage précepte du Talmud, selon lequel les futurs hébraïstes, en dehors de leurs études scientifiques, devaient apprendre un métier qui pût leur procurer des moyens d'existence et en même temps contre-balancer la fatigue du cerveau. Suivant ce principe, Spinoza avait appris le métier d'opticien qui lui permit dorénavant de gagner sa vie, sans l'aide de personne, d'autant plus qu'il y était très habile et que les verres taillés par lui étaient très appréciés. Durant ses années d'études, il s'était fait à Amsterdam un cercle d'amis, dont plusieurs ont joué un rôle important dans son existence. Nous nommerons, en premier lieu parmi ses coreligionnaires, le docteur Louis Meyer qui devint plus tard l'éditeur des œuvres posthumes de Spinoza, et Simon de Vries, un de ses plus passionnés admirateurs et amis. Deux médecins Jean Bresser et Schaller avec Albert Burgh, un jeune étudiant en philosophie, complétaient le noyau de ce cercle d'amis avec lesquels Spinoza a toujours entretenu les plus cordiales relations. En s'éloignant d'Amsterdam, il ne cessa pas de leur communiquer les fragments de ses écrits, à mesure qu'il les achevait, et de répondre aux questions qu'ils lui adressaient, ce qui fit naître une correspondance qui constitue un document très précieux sur sa vie et sur ses opinions. En dehors du cercle de ses coreligionnaires, Spinoza s'était lié d'amitié avec plusieurs personnes qui appartenaient à deux sectes issues du protestantisme, les Menonites et les Arminiens. Parmi les premiers, il suffit de mentionner Yarrig Yelles, qui a plus tard collaboré avec Meyer à l'édition des œuvres de Spinoza, et Jan Rieuwertz, le libraire chez qui parurent la plupart de ces œuvres. Quant aux Arminiens, ils jouèrent un rôle important dans la vie de Spinoza, car ce fut chez eux qu'il se réfugia à son départ d'Amsterdam. Appartenant à une secte qui d'abord avait été condamnée par le Synode de Dordrecht et qui ensuite n'était que tolérée dans les Pays-Bas, les Arminiens n'acceptaient de la religion chrétienne que la loi morale en rejetant l'autorité des dogmes et des institutions de l'Église. Leur vie contemplative et la pureté de leur morale plurent à Spinoza et ce fut chez eux qu'il se réfugia.

Lorsqu'il quitta Amsterdam, à vingt quatre ans, Spinoza était déjà un homme fait et il ne changea pas jusqu'à sa mort. Il ne chercha dans la vie que la tranquillité d'esprit nécessaire pour la réflexion, et se consacra exclusivement au développement de sa pensée. Cela explique pourquoi le reste de sa vie fut dépourvu d'événements extérieurs saillants et se réduisit à une existence toute contemplative. Après avoir quitté Amsterdam, il séjourna d'abord, pendant quatre ans, chez ses amis les Arminiens, dans une maison de campagne située sur la grande route entre Amsterdam et Ouwerkerk (1656-1660); puis il alla s'installer avec son hôte dans la petite ville de Rijnsburg, près de Leyde, qui formait le centre de la colonie des Arminiens; il y passa deux années (1661-1663) très fertiles en production scientifique, car c'est là que, pour la première fois, sa conception philosophique fut exposée dans un système qu'il communiqua à ses amis d'Amsterdam ; c'est là également que fut écrit le seul livre qui parut de son vivant, sous son nom, et qui présente l'exposition détaillée du système de Descartes [1].

Au mois d'avril 1663 [2], Spinoza quitta Rijnsburg pour aller à Voorburg, petit village près de La Haye, où il s'installa chez le peintre Daniel Tydemann et où il passa six ans (1663-1669). Immédiatement après son installation chez Tydemann, il partit pour Amsterdam et y fit un long séjour qui eut pour résultat l'apparition de son œuvre sur Descartes, éditée par Louis Meyer. Cette édition contenait, outre l'exposition détaillée des principes cartésiens, une préface de Meyer, rédigée selon les indications de Spinoza et, un résumé de ces principes (*Cogitata Metaphysica*).

Pendant son séjour à Voorburg, Spinoza, tout en travaillant de son métier pour gagner sa vie, entretenait une correspondance très suivie avec ses amis

---

1. « Renati Descartes principiorum philosophiæ pars prima et secunda; more geometrico demonstratæ per Benedictum de Spinoza Amstelædamensem. Accesserunt ejusdem cogitata metaphysica, in quibus difficiliores, quæ tam in parte metaphysices generali quam speciali occurrunt, quæstiones breviter explicantur. » (Amst., apud Joh. Riewerts, 1663.)

2. Ep. XIII, ed. van Vloten.

et avec les personnes qui s'adressaient à lui pour lui demander d'éclaircir différentes questions théologiques et philosophiques. Ainsi nous devons à cette époque de sa vie, ses lettres à Blyenbergh, marchand de Dordrecht, à Henri Oldenburg, savant d'origine allemande, établi à Londres, à Louis Meyer, etc. En même temps, il travaillait à une nouvelle œuvre et entretenait des relations très suivies avec ses amis de La Haye. Ces derniers finirent par le persuader de quitter Voorburg et d'habiter plus près d'eux. Dans le courant de l'année 1669, Spinoza s'installa à La Haye où il resta jusqu'à sa mort, en 1677. Il demeura d'abord dans une pension, ensuite, pour restreindre encore ses dépenses, il loua un petit logement dans la maison du peintre Henri van der Spick, où il faisait lui-même son ménage et vivait dans la plus grande simplicité. Dans l'année qui suivit son installation à La Haye, il fit paraître l'œuvre à laquelle il avait travaillé à Voorburg. C'était le *Tractatus teologico-politicus* qui parut anonyme et sous un faux nom d'éditeur (Kienrath à Hambourg).

Ce traité réclamait la liberté entière de la pensée, niait l'autorité de la Bible et des livres sacrés, tant qu'ils n'étaient pas soumis à la critique de la raison, et exigeait, pour la philosophie, une complète indépendance de l'Église, ainsi que de l'État. Cela eut pour résultat de poser Spinoza, non seulement comme un ennemi des pouvoirs religieux et civils, mais encore de lui créer des adversaires, même parmi les cartésiens qui cherchaient à établir un lien entre leurs doctrines et l'Écriture Sainte. Cette œuvre était beaucoup trop au-dessus du niveau intellectuel des contemporains de Spinoza, et ses meilleurs amis même, comme Henri Oldenbourg, n'hésitèrent pas à la désapprouver. Cette fois, ce fut l'Église protestante qui se trouva atteinte, et les théologiens ne ménagèrent pas les réfutations dirigées contre l'écrit impie, qui était appelé à ébranler l'autorité de la Bible : leur fanatisme était si grand que Spinoza, voulant éviter une interdiction officielle du livre, pria ses amis de ne pas en faire de traduction en hollandais[1]. Son désir ne fut exécuté qu'à demi, car les traductions qui parurent portaient sur le frontispice de faux titres d'œuvres « historiques » de Daniel Heise, ou « chirurgiques » de Henriquez da Villacosta, et autres de ce genre, destinés à déguiser le véritable contenu du livre. Cependant le nom de Spinoza était devenu célèbre, sa doctrine et sa personnalité lui avaient fait non seulement des ennemis acharnés, mais elles lui avaient aussi acquis de sincères admirateurs. On en voit la preuve dans l'offre

---

1. Ep. XLIV, éd. van Vloten.

qui lui fut faite à cette époque par le prince Charles-Louis du Palatinat, d'une place de professeur à l'Université de Heidelberg [1], et dans l'invitation que lui adressa le Grand Condé de venir dans son camp à Utrecht. Spinoza refusa la première proposition, craignant pour son indépendance; il se rendit à Utrecht, mais Condé était absent et Spinoza ne put pas attendre son retour. Cependant, ses rapports avec un général français qui faisait la guerre aux Pays-Bas, ne firent qu'accroître son impopularité à La Haye. Lorsqu'il entreprit, en 1675, un voyage à Amsterdam pour préparer l'édition de son œuvre principale, l'*Éthique*, il trouva l'opinion publique tellement hostile qu'il dut renoncer à son projet [2]. Il rentra à La Haye où il vécut encore deux ans, travaillant à son *Traité politique* qui est resté inachevé à cause de la maladie qui le minait depuis longtemps. C'était une phtisie lente, qui finit par causer sa mort prématurée, le 20 février 1677. Ses derniers jours furent empreints du calme et de la dignité qui ont caractérisé toute sa vie. Son hôte, van Spick, tremblait que la foule fanatique ne vînt démolir la maison qu'il habitait, mais Spinoza ne montra pas le moindre trouble. De même, lorsqu'il se sentit condamné, il attendit la mort sans inquiétude; il fit venir d'Amsterdam son ami Louis

---

1. Ep. XLVIII, ed. van Vloten.
2. Ep. LXVIII, ed. van Vloten.

Meyer avec qui il passa ses derniers jours. Dans la matinée du 20 février, il descendit comme d'habitude pour causer avec ses hôtes, puis il déjeuna avec Meyer; quelques heures plus tard, lorsque van Spick et sa femme revinrent des vêpres, ils apprirent que Spinoza était mort, à trois heures de l'après-midi.

CHAPITRE III

LES ŒUVRES DE SPINOZA

Selon le désir de Spinoza, tous les manuscrits qu'on trouva après sa mort furent envoyés au libraire Jan Rieuwerts, à Amsterdam. La première édition de ses œuvres posthumes fut faite, l'année même de sa mort, aux frais de ses amis L. Meyer et Y. Yellis. Elle parut sans nom d'auteur, ni d'éditeur, ni de libraire, et ne portait que les initiales B. D. S. et le titre : *Opera Posthuma*. Cette édition comprenait : 1° *L'Éthique*, en cinq parties; c'est l'œuvre principale de Spinoza, qui contient l'exposition de son système philosophique; 2° le *Traité politique* (*Tractatus politicus*) inachevé, contenant sa conception de l'État, sur la base de sa philosophie; 3° le traité *De la Purification de l'Entendement* (*De Emendatione Intellectus*), un de ses premiers écrits, qui est resté inachevé ; 4° la *Correspondance de Spinoza* et 5° un *Abrégé de grammaire de la langue hébraïque*. Il faut y ajouter les livres déjà mentionnés et parus de son vivant : 1° *Sur les principes de la philosophie cartésienne* avec les *Cogitata metaphysica;* 2° le *Traité de Théologie et de Politique* (*Tractatus theologico-politicus*) et 3° le *Court Traité* (*Tractatus brevis*) qui présente une ébauche de métaphysique et dont l'original latin a été perdu. Nous ne connaissons ce dernier écrit que par deux traductions en hollandais retrouvées plus tard chez deux amis de Spinoza.

De toutes ces œuvres c'est l'*Éthique* qui doit fixer notre attention. Le but de cette étude étant de mettre en relief le lien universel qui rattache la doctrine de Spinoza à tous les efforts faits par l'humanité vers la connaissance de l'Être, nous devons rechercher, avant tout, la solution qu'il donne à l'éternel problème de la matière et de la pensée dans la conception de l'univers, de l'âme et du corps dans celle de l'individu. C'est par là que son œuvre se rattache au courant d'idées qui constitue l'évolution de la conscience humaine. Cependant, en délimitant ainsi le champ de nos études, nous ne pouvons pas passer sous silence le rôle prépondérant que ses autres écrits ont joué pour ses contemporains. Sous ce rapport il faut mentionner, en premier lieu, le *Traité de Théologie et de Politique.*

Dans cet écrit, Spinoza a soulevé des questions qui, certainement, étaient à l'ordre du jour. Si l'on pense à l'état religieux de la Hollande vers cette époque, aux sectes nombreuses du protestantisme dont chacune voulait interpréter l'Écriture à sa façon, on comprendra facilement que l'exégèse des Livres Saints devait passionner tout le monde. Sous ce rapport Spinoza a fait preuve d'une grande lucidité d'esprit, en opposant aux commentaires arbitraires et contradictoires de la Bible, une méthode purement scientifique, basée sur le principe de la soumission entière à l'objet. Il a montré que la Bible ne peut être expliquée que par l'étude linguistique de l'ancien hébreu et par l'étude comparative du sens que les mêmes mots et les phrases ont à différents endroits du texte. Il avait composé, à cet usage, un « Sommaire de grammaire hébraïque » qui lui permit de rétablir le sens exact de certaines phrases symboliques ou imagées. C'est ainsi qu'il est arrivé à prouver que les miracles cités par l'Ancien Testament n'indiquent généralement que des faits incompréhensibles, mais non pas surnaturels, les Juifs ayant eu l'habitude de rapporter à Dieu l'origine de tous les faits dont ils ne percevaient pas directement la cause. La même habitude du langage imagé avait, selon lui, érigé en messagers de Dieu, les prophètes, qui n'étaient que des hommes doués d'une sensibilité et d'une perspicacité rares. En résumé, Spinoza conclut que la Bible, loin d'être la parole même de Dieu, « ne demeure sacrée que tant qu'elle inspire aux hommes des sentiments de piété; si elle cessait de les inspirer elle ne serait plus pour nous que du papier et de l'encre [1] ».

De même que le texte de la Bible, les dogmes religieux et les cérémonies sacrées ne lui paraissent pas essentiels à la foi. Ce n'est pas la forme, mais l'esprit religieux qu'il s'agit, selon lui, d'observer, et cet esprit consiste pour lui uniquement dans l'amour du prochain [2]. Il est évident que la hauteur d'une telle conception religieuse et la profondeur de son exégèse devaient trancher avec le dogmatisme étroit des sectaires et des théologiens de son époque. Le livre fit scandale et contribua, peut-être plus qu'aucun autre ouvrage de Spinoza, à répandre le nom et la réputation de l'auteur. Ce dernier y a montré une grande érudition et des qualités admirables de logicien et d'exégète, mais, malgré la valeur réelle de cet écrit, nous devons reconnaître qu'il n'a gardé pour nous qu'un intérêt historique et rétrospectif. Malgré la perfection de sa forme et la profondeur des con-

1. *Tractatus Theol.-Polit.*, p. 524, ed. v. Vloten.
2. *Ibid.*, cp. V.

clusions, il n'occupe qu'une place secondaire dans l'œuvre de Spinoza, parce qu'il ne constitue pas, comme l'*Éthique*, un élément essentiel de sa conception philosophique.

Nous parlerons, avec la même réserve, des idées politiques de Spinoza, qui sont exposées dans ce premier traité, ainsi que dans le *Traité Politique* que sa mort a laissé inachevé. En dehors des considérations très justes et très remarquables pour son temps sur les formes du gouvernement, sur la théocratie et sur la liberté religieuse, on pourrait y relever une théorie fort curieuse des limites du droit naturel. Spinoza montre notamment qu'agir selon sa raison est une nécessité pour l'État, comme pour l'individu, et que, logiquement, le droit de l'État n'est limité que par sa raison d'être[1]. C'est ainsi que l'État, selon lui, ne peut pas plus empiéter sur le domaine de la pensée ou de la croyance qu'une table ne peut brouter de l'herbe, parce qu'un ordre ne pourrait agir là où il faudrait de la persuasion et de la foi. De même, un souverain doit être reconnu logiquement tout-puissant, mais cela ne veut pas dire qu'il puisse « courir ivre et nu, avec des filles, sur la place publique[2] » sans ébranler son propre pouvoir. Quelque juste que soit ce point de vue et quelque

---

1. *Tract. politicus*, cp. IV, § IV, p. 300, ed. v. Vloten.
2. *Ibid.*, p. 301, ed. v. Vloten.

profondes considérations que Spinoza en ait tirées, sa doctrine politique ne constitue pas non plus le trait saillant de son œuvre. Comme théologien et comme écrivain politique il présente, certainement, une personnalité fort intéressante à étudier, mais ce n'est pas là ce qui constitue son vrai rôle dans l'histoire de la philosophie.

Pour juger son œuvre comme un moment de cette histoire, nous devons concentrer toute notre attention sur les écrits qui contiennent la solution du problème fondamental de la conscience humaine. Si nous avions l'intention de poursuivre le développement de sa conception philosophique, nous devrions commencer par l'analyse du *Court Traité*, qui, comme l'indique son titre détaillé (Court Traité de Dieu, de l'homme et de son bonheur[1]), contenait déjà les germes des idées développées plus tard dans l'*Éthique*. Nous trouverions outre cela, les traces de sa formation dans les lettres que Spinoza a échangées avec ses amis. Ainsi nous pourrions indiquer, dans ses lettres à Henri Oldenbourg, qui datent de l'année 1661, l'exposition de sa doctrine des attributs [2] (*extensio et cogitatio*) et l'explication de leurs rapports mutuels [3];

---

1. *Korte Verhandlung van God, de Mensch en deszelfs Welstand* (Sp. Op. edit. van Vloten, 1883).
2. Ep. II, ed. van Vloten.
3. Ep. IV, *ibid.*

dans celle adressée à Louis Meyer, datée du 20 avril 1663, sa conception de l'Infini et de la Substance [1]; dans celle adressée en 1664 à Guillaume Blyenbergh, sa doctrine de la nécessité des actions de Dieu [2], etc., etc.

Cependant, l'examen détaillé de ces lettres nous a montré, d'un côté, qu'elles se rapportent presque toutes aux questions qui sont entrées plus tard dans l'*Éthique*, et, d'un autre côté, que la genèse de ce livre n'est pas postérieure à l'année 1661. Comme nous le savons déjà, Spinoza ne l'a jugé achevé et n'a voulu le publier que deux ans avant sa mort, en 1675. Il est clair que la création de cette œuvre avait occupé quatorze années de sa vie et qu'elle présente l'expression définitive de sa philosophie.

Notre but étant de montrer, dans l'œuvre de Spinoza, un moment de l'évolution intellectuelle de l'humanité, nous devons la prendre dans sa forme définitive. C'est pourquoi nous aborderons directement l'analyse de l'*Éthique* à laquelle appartient la première place parmi les écrits philosophiques de Spinoza. Elle est divisée en cinq parties intitulées : 1° De Dieu, 2° de l'esprit humain, 3° des passions, 4° de la servitude humaine, et 5° de la liberté humaine. Pour bien suivre sa

---

1. Ep. XII, ed. van Vloten.
2. Ep. XIX, *ibid*.

pensée nous exposerons le contenu de chaque partie séparément. Ses autres écrits pourraient servir à compléter le tableau de son développement intellectuel, mais l'analyse de l'*Éthique*, seule, suffira pour montrer, dans son œuvre, un type de monisme et une étape de l'évolution que présente le développement de notre conscience.

CHAPITRE IV

ANALYSE DE L'*ÉTHIQUE*

1. DE DIEU.

La première partie de l'*Éthique* commence par l'exposition du principe qui sert de base à toute la conception philosophique de Spinoza. C'est le principe de la cause première. Pour bien le comprendre, comme nous l'avons déjà dit, il faut en établir le rapport au cartésianisme. Descartes, en niant toutes les notions acquises, est finalement arrivé à deux faits qu'il est impossible de nier : je pense et je suis. Ne voyant aucun lien possible entre l'existence matérielle et la pensée, il a conclu que ce sont deux substances indépendantes, qui constituent l'univers. Cependant, comme la vie donne, à chaque instant, des preuves de ce qu'il y a un rapport entre le senti et le pensé, et que matériellement ce rapport n'est pas démontrable, Descartes est arrivé à la conclusion que ce lien entre la pensée et ses objets matériels est en dehors de toute philosophie, qu'il ne peut être expliqué que par l'action transcendante d'un Dieu personnel. En donnant cette définition, il a agi conformément à la logique et selon la puissance de sa pensée. On ne saurait le lui reprocher, car vraiment au commencement du XVIIᵉ siècle, la science positive était encore trop peu avancée pour permettre un rapprochement psychologique entre les sensations physiques et le phénomène qu'on appelle pensée; il était donc logiquement forcé d'y reconnaître deux substances totalement différentes. La théologie, en lui fournissant une explication que la philosophie ne pouvait pas lui donner, est restée fidèle au rôle que lui attribuait avec raison Spinoza, celui d'un asile de l'ignorance (asylum ignorantiæ[1]). Mais si nous ne pouvons faire à Descartes et à ses successeurs Guelinx, Malebranche et autres, le reproche de recourir en dernier lieu à une explication théologique, nous devons nous incliner devant le génie de Spinoza qui manquant également de preuves scientifiques, mais confiant en la toute-puissance de la pensée humaine n'a pas hésité à repousser tout secours de la théologie et n'a voulu se fier qu'à la logique. Pour résoudre le problème

---

1. *Éthique*, p. I, Appendix.

du dualisme posé par Descartes, Spinoza n'a pas de données scientifiques ; il ne peut pas l'introduire dans la conception de l'univers, sans recourir finalement à la théologie ; cependant la logique exige le monisme que, de son côté, l'expérience montre partout sans pouvoir l'expliquer, ni en trouver le lien avec la logique. Il n'y avait qu'une issue possible pour Spinoza : du moment que sa conscience instinctive du monisme était assez forte, il fallait le prendre pour base comme un axiome logique, malgré l'impossibilité de le concilier avec la vision concrète de l'univers.

Il fallait trouver un axiome logique qui impliquât l'unité de l'Être. Spinoza l'a trouvé dans l'idée de la cause première. Il commence l'exposition de l'*Éthique* par quelques définitions. Une cause première, dit-il, est ce dont l'essence implique l'existence[1], c'est-à-dire, ce qui ne nous apparaît pas comme étant contingent ou produit par une cause externe, mais comme existant par soi et en soi. A côté de cette première définition se trouve une autre : qu'est-ce qu'une chose finie ? C'est une chose, dit Spinoza, « qui est limitée par une autre de la même essence[2] ». En opposant ces deux

---

[1]. « Per causam sui intelligo id cuius essentia involvit existentiam. » (*Éth.*, p. I, def. I.)

[2]. « Ea res dicitur in suo genere finita quae alia eiusdem naturæ terminari potest. » (*Éth.*, p. I, def. II.)

définitions on arrive facilement à conclure qu'une cause première n'étant limitée, ni déterminée par rien ne peut pas être une chose finie. Il s'en suit que la cause première de l'univers doit être l'infini identique à la substance[1] et à Dieu[2] qui constituent l'objet de la troisième et de la sixième définition.

Dans sa lettre à Henri Oldenbourg, datée de l'année 1661, Spinoza dit que la principale erreur de Descartes et de Bacon a été d'avoir méconnu l'essence de la cause première, « quod tam longe a cognitione Primæ Causæ... aberrarint[3] ». Ceci nous aide beaucoup pour comprendre le début de l'*Éthique* qui, au premier abord, paraît être à l'état d'ébauche. Les six définitions qui le composent, et qui ont pour objets la cause première, la chose finie, la substance, l'attribut, le mode et Dieu, ne s'enchaînent pas et ne forment pas de syllogisme. Mais si l'on met en relief la définition de la cause première, on arrive facilement à la reconnaître identique à la substance et à Dieu, et formant avec les attributs et les modes de la substance, la totalité des manifestations finies et de l'essence infinie

---

1. « Per substantiam intelligo id quod in se est et per se concipitur. » (*Éth.*, p. I, def. III.)

2. « Per Deum intelligo ens absolute infinitum. » (*Éth.*, p. I, def. VI.)

3. Ep. II, ed. van Vloten.

de l'univers. Sans doute, c'est un début très laborieux, où la pensée cherche la base de son futur développement, mais il faut prendre en considération que la tâche de Spinoza était très difficile.

Cette unité logique du monde, que Spinoza a trouvée dans l'idée de la cause première, est basée sur la croyance rationaliste que la pensée humaine peut saisir la réalité intégrale des choses [1]. Cependant, le monde concret n'apparaît pas toujours à l'homme dans cette unité. Si, d'un côté, l'homme a très souvent l'occasion de constater un rapport direct entre sa pensée et son action, d'un autre côté, il sent toujours qu'un abîme sépare la matière de la pensée.

L'esprit critique de Descartes s'était arrêté devant l'énigme que présente l'essence immatérielle de la pensée en rapport avec l'essence matérielle des choses. Spinoza reconnaît également que l'étendue n'est pas limitée par la pensée [2], et que ce sont deux moments hétérogènes de l'Être, mais il n'admet pas que ce soient deux substances. Il a plus de confiance en la logique, qu'en les données immédiates de la conscience. La logique lui dit que la substance est une cause première et, comme

---

1. « Idea vera debet cum suo ideato convenire. » (*Éth.*, p. I, act. VI.)
2. *Éth.*, p. I, def. II.

telle, doit être unique[1]. D'un autre côté, dans sa vision concrète de l'univers, il distingue deux ordres de phénomènes qui paraissent s'exclure mutuellement : les choses matérielles et les idées. Cependant sa logique est la plus forte, et Spinoza conclut, malgré les données contradictoires des sens, que ce ne sont pas deux réalités différentes, mais deux aspects différents de la même réalité.

C'est ainsi qu'il arrive à résoudre le problème fondamental du cartésianisme. Dans la préface aux principes de la philosophie cartésienne, qui a été écrite par Louis Meyer, mais que Spinoza a revue et corrigée[2], nous voyons clairement exprimée, la différence qui existe entre son point de vue et celui de Descartes. Il admet que la substance est « pensante », mais il nie que la pensée soit une substance[3]. D'un autre côté il admet que la substance est étendue, et, par conséquent il est forcé de reconnaître, dans la pensée et dans l'étendue, deux aspects hétérogènes de la même réalité.

Pour comprendre la conception spinoziste du monisme universel, il faut bien se rendre compte du procédé logique par lequel il arrive à concilier l'unité de l'Être, avec le dualisme de la perception

---

1. « In rerum natura non possunt dari duæ aut plures substantiæ. » (*Eth.*, p. I, pr. v.)
2. Ep. XV, ed. v. Vloten.
3. *Præf. Princ. Phil. Cartes.*, p. 378, ed. v. Vloten.

humaine. La substance étant cause première, doit être une [1], infinie [2], éternelle [3] et indivisible [4]. L'homme n'en connaît que deux de ses innombrables aspects, que Spinoza appelle attributs [5]. Il ne les connaît pas dans leur essence infinie, en eux-mêmes, mais uniquement dans leurs manifestations phénoménales, en contact avec sa propre nature. Spinoza voit, par conséquent, dans l'univers, les innombrables « modes [6] » de l'Être infini et éternel, dont la réalité entière reste cachée aux sens des hommes.

Pour achever l'exposition de la première partie de l'*Éthique*, il faut établir comment, selon Spinoza, se produisent les manifestations de cette substance universelle. Pour cela, il faut se rappeler la différence qu'il établit entre une action libre et une qui ne l'est pas. Il appelle libre une chose qui agirait, exclusivement, selon sa nature, sans être déterminée par aucune cause extérieure. Le contraire constitue pour lui une action nécessaire [7] ?

---

1. *Éth.*, p. I, pr. v.
2. *Ibid.*, p. I, pr. viii.
3. *Ibid.*, p. I, pr. vii.
4. *Ibid.*, p. I, pr. xiii.
5. *Ibid.*, p. I, def. iv.
6. *Ibid.*, p. I, def. v.
7. « Ea res libera dicitur quæ ex sola suæ naturæ necessitate existit et a se sola ad agendum determinatur. Necessaria autem, vel potius coacta, quæ ab alio determinatur ad existendum et operandum certa ac determinata ratione. » (*Éth.*, p. I, def. vii.)

Il faut en conclure qu'il n'y a qu'une cause première qui puisse être considérée comme étant entièrement libre et que tout ce qui rentre dans la chaîne des causes et des effets, est nécessairement déterminé. Il n'y a donc que Dieu ou la substance, qui est une cause première, qui puisse être considéré comme étant entièrement libre [1], tandis que tous les modes de cette substance sont déterminés, et que rien, dans l'univers, ne peut être contingent [2]. Par conséquent, la volonté également ne peut être libre [3] et les idées, étant des modes de la substance, sont entièrement déterminées [4]. Enfin il s'en suit, comme dernière conclusion, que Dieu étant cause première, c'est-à-dire libre, ne peut avoir ni volonté, ni intelligence [5].

Pour Spinoza, il n'y a rien dans l'univers qui ne soit une manifestation de l'éternelle et infinie

---

1. « Sequitur solum Deum esse causam liberam. » (*Eth.*, p. I, corol. II, prop. XVII.)

2. « In rerum natura nullum datur contingens ; sed omnia ex necessitate divinæ naturæ determinata sunt ad certo modo existendum et operandum. » (*Eth.*, p. I, prop. XXIX.)

3. « Voluntas non potest vocari causa libera, sed tantum necessaria. » (*Eth.*, p. I, prop. XXXII.)

4. « Intellectus actu... ad naturam naturatam, non vero ad naturantem referri debet. » (*Eth.*, p. I, prop. XXXI.)

5. « Sequitur voluntatem et intellectum ad Dei naturam ita sese habere, ut motus et quies... et omnia reliqua, quæ ostendimus, ex necessitate divinæ naturæ sequi et ab eadem ad existendum et operandum certo modo determinari. » (*Eth.*, p. I, cor. II, prop. XXXII.)

substance; c'est la seule cause première et libre de tout ce qui existe et, dans ce sens, elle peut être appelée Dieu. La totalité de la substance reste cachée aux sens des hommes, qui n'en connaissent que deux aspects, l'étendue et la pensée. Toutes ses manifestations sont déterminées par une causalité absolue. Telle est la base de la conception philosophique de Spinoza. C'est un système de panthéisme ou de monisme, fondé sur la logique et caractérisé par un déterminisme absolu. Pour compléter l'exposition de cette première partie de son œuvre, nous ne pourrions mieux faire que d'y adjoindre une traduction des quelques pages qui la terminent et qui, selon sa propre expression, constituent un appendice. Les voici dans une traduction qui certes n'a pas la prétention de reproduire la beauté de la langue et de la logique si sereine de l'original.

« Je viens d'expliquer ce que comprend la notion de Dieu et quels sont ses attributs : notamment que l'existence de Dieu est logiquement nécessaire ; qu'il ne peut y avoir qu'un Dieu ; qu'il est la cause première de son existence et de son action ; que tout ce qui existe, ne peut ni exister, ni être conçu autrement qu'en Dieu ; et, finalement, que les manifestations de Dieu dans la nature sont déterminées, non pas par la volonté arbitraire de Dieu, mais par sa nature de causalité absolue et de toute-puissance. Ensuite, chaque fois que j'en avais l'occasion, j'ai essayé d'écarter les préjugés qui présentent un obstacle à mes démonstrations, mais comme il en reste encore beaucoup qui empêchent les gens de saisir la suite de mes idées, je crois qu'il serait bon de les soumettre à un examen critique. Tous les préjugés que je vais examiner, dépendent d'un seul, qui fait croire aux hommes que chaque chose dans la nature a un but semblable à ceux que les hommes se proposent; par conséquent ils se persuadent que même Dieu a un but dans ses actions, en disant que Dieu a créé le monde pour l'homme, et ce dernier pour en être adoré. C'est à ce préjugé-là que je m'arrêterai d'abord, afin d'examiner pourquoi il est si répandu parmi les hommes, ensuite pour prouver qu'il est complètement faux, et enfin pour montrer comment il a donné naissance aux préjugés du « bien » et du « mal », de la « bonne action » et du « péché », de la « louange » et du « blâme », de « l'ordre » et du « chaos », de la « beauté » et de la « laideur », etc. Sans remonter à la nature de l'intelligence humaine, on peut déduire ce préjugé du fait que les hommes naissent ignorants du lien causal et conscients du but qu'ils poursuivent, poussés par le désir de tout ce qui leur est utile. Il s'en suit, *premièrement*, que les hommes *se croient libres* dans leurs actions et s'imaginent poursuivre librement le but de leur désir, sans se douter même que ce désir est déterminé par des causes qu'ils ignorent. Il s'en suit, *secondement,* que les hommes croient que toutes leurs actions sont *déterminées par un but quelconque* et dans chaque action ils ne cherchent que le but, ignorant complètement qu'elles sont déterminées par leurs antécédents.

« Étant eux-mêmes habitués à chercher le but, ils jugent d'après eux tous les faits de la vie. Ensuite, comme ils voient en eux et autour d'eux beaucoup de choses qui leur sont utiles, par exemple : les yeux qui leur servent à voir, les dents à mâcher, les légumes et les animaux qui servent à leur nourriture, le soleil qui les éclaire, la mer qui produit des poissons, etc., ils arrivent à croire que toutes les choses de la nature ont pour but d'être utiles aux hommes ; et comme ils voient que les choses de la nature s'adaptent aux besoins des hommes, cela leur donne à croire qu'il doit y avoir un être qui les a adaptées à leur but. Car après avoir considéré les choses de la nature comme des ressources pour les hommes, ils ne pouvaient pas croire qu'elles le fussent devenues d'elles-mêmes, mais s'étant habitués à s'en servir, ils en ont conclu qu'il doit y avoir des êtres dirigeants dans la nature, doués d'une volonté libre, comme celle des hommes, qui ont tout adapté aux besoins de l'humanité. En pensant à ces êtres, ils se sont habitués à les doter d'un esprit semblable au leur, d'où ils ont conclu que ces êtres sont des dieux qui ont fait le monde à l'usage des hommes pour les subjuguer et pour en être adorés. Il s'en suivit que chacun tâcha d'exprimer à Dieu son adoration, de façon à lui plaire et à être aimé plus que les autres, pour que Dieu convertît la nature à l'usage de son aveugle cupidité et de son insatiable avarice. Ainsi ce préjugé s'est profondément enraciné dans l'esprit humain et a produit l'habitude de ne chercher, dans toute la nature, que les causes finales. Mais en tâchant de prouver qu'il n'y a rien dans la nature qui ne soit utile aux hommes, on est arrivé à l'absurde, car outre tant de bons côtés de la vie, il existe bien des calamités, comme les tempêtes, les tremblements de terre, les maladies, etc. Pour les expliquer, on a dit que c'est l'effet de la colère des Dieux furieux des péchés commis par les hommes. Et malgré les protestations quotidiennes de l'expérience et les innombrables exemples du bonheur et du malheur touchant aussi bien les hommes pieux que les impies, les hommes ne voulurent pas abandonner ce préjugé invétéré. Il leur était plus facile de persévérer dans leur ignorance que de refaire entièrement leur conscience sur une base nouvelle. Ils conclurent donc que la sagesse divine dépasse les forces intellectuelles de l'humanité et que la vérité entière leur sera cachée à tout jamais. Il n'y avait que la science des mathématiques, qui ne traitant pas des fins, mais de l'essence et de la forme des choses, pût montrer à l'humanité une face de cette vérité. Cette science alliée à quelques autres facteurs (qu'il serait superflu d'énumérer ici) a finalement permis aux hommes de remarquer la fausseté de ces préjugés et de trouver le chemin de la vraie connaissance des choses.

« Je crois que cela suffira pour expliquer ce que j'avais promis d'examiner d'abord (c'est-à-dire, pourquoi ce préjugé s'est répandu parmi les hommes). Quant à prouver que la nature n'a aucun but et que toutes les causes finales ont été inventées par les hommes, ce ne sera pas difficile. Cela apparaît clairement de l'origine même de ce préjugé, ainsi que de la proposition 16[1], du corollaire à la proposition 32[2] et de toutes celles par lesquelles j'ai prouvé que la nature repose sur une nécessité absolue. J'y ajouterai seulement que cette fausse doctrine des causes finales pervertit tout à fait l'idée de la nature, en représentant comme effet tout ce qui est cause en réalité et vice versa, faisant de l'antécédent le résultat... N'oublions pas

---

1. « Ex necessitate divinæ naturæ infinita infinitis modis (hoc est, omnia, quæ sub intellectum infinitum cadere possunt), sequi debent. (*Éth.*, p. I, prop. XVI.)

2. Voir page 170.

non plus ce fait caractéristique que les partisans de cette doctrine, qui montrent leur ingéniosité en assignant son but à chaque chose, ont trouvé une nouvelle argumentation dans la réduction non pas à l'impossible, mais à l'inconnu. Si, par exemple, quelqu'un a reçu une pierre sur la tête et en est mort, ils vous démontreront que la pierre est tombée pour tuer l'homme. Car, diront-ils, comment expliquerait-on un pareil concours de circonstances ayant la mort pour résultat, sinon par la volonté de Dieu? Si vous leur répondez que c'est arrivé parce qu'il y a eu du vent et que l'homme s'est trouvé à l'endroit où la pierre est tombée, ils vous demanderont pourquoi ce vent s'est levé. Si vous leur dites que le vent s'est levé parce que la mer était agitée la veille et que l'homme s'est trouvé à cet endroit étant invité par son ami, ils vous demanderont encore pourquoi la mer est devenue agitée et pourquoi l'homme a été invité à faire ce chemin, et ne cesseront de poser des questions jusqu'à ce qu'ils aient trouvé, dans la volonté de Dieu, un suprême asile à leur ignorance...

« S'étant persuadés de la sorte que tout ce qui existe est fait pour eux, les hommes se sont habitués à juger les choses d'après leur utilité et à les estimer comme bonnes ou mauvaises, ordonnées ou désordonnées, chaudes ou froides, belles ou laides, etc. D'un autre côté, se croyant libres dans leurs actions, ils ont créé les notions de louange ou de blâme, de mérite ou de péché, etc... Ils ont appelé bon tout ce qui contribue à leur bien-être et à l'adoration de Dieu ; tout ce qui est contraire, fut appelé mal. Ne comprenant pas la vraie nature des choses, ils leur attribuent l'ordre qui existe dans leur imagination, et appellent bien ordonnées, celles qui correspondent à leur ordre d'idées, et peuvent être plus facilement conçues ; l'état contraire est pour eux le désordre, et, comme il est plus agréable de concevoir facilement les choses, ils préfèrent l'ordre au désordre, comme s'il existait un ordre dans la nature, en dehors de leur imagination. Pour la même raison, ils disent que Dieu a créé l'ordre dans la nature, attribuant ainsi à Dieu une imagination toute humaine, à moins qu'ils ne veuillent dire par là que Dieu, prévoyant les exigences de l'imagination des hommes, ait disposé les choses de manière à ce qu'elles soient plus facilement comprises par les hommes..., mais en voilà assez. Les autres notions créées par l'imagination sont également nulles, ce qui ne les empêche pas d'être considérées par les ignorants comme les attributs essentiels des choses, pour la même raison qu'ils sont persuadés que les choses sont créées pour eux. Ils les appellent donc bonnes ou mauvaises, saines ou corrompues selon la manière dont ils en sont affectés. Par exemple, si l'action des objets sur les nerfs des yeux contribue à leur bien-être, ils appellent ces objets beaux, dans le cas contraire, laids. Ensuite, ils appellent l'impression des sens transmise par l'odorat, bonne odeur ou puanteur, et celle qu'ils reçoivent par la langue, douceur ou aigreur, bon ou mauvais goût, etc. Selon l'impression du toucher, ils appellent les objets durs ou mous, lourds ou légers, etc. Enfin, quant aux impressions perçues par les oreilles, ils distinguent le bruit, le son et l'harmonie, dont cette dernière a fini par inspirer aux hommes l'idée absurde que Dieu aime l'harmonie. Il y a même des philosophes qui sont allés jusqu'à croire à une harmonie céleste. Tout cela prouve suffisamment que chacun jugeant selon les conditions de son cerveau, prend ses impressions pour la réalité des choses. Est-il étonnant alors qu'il y ait tant de controverses parmi les hommes et qu'elles aboutissent finalement au scepticisme, car les corps des hommes, quoique étant en général pareils, ont tout de même beaucoup de particularités. Il s'ensuit que la même chose paraît bonne à l'un, mauvaise à un autre, ordonnée ou désordonnée, agréable ou désagréable et ainsi de suite... Il est même inutile d'insister davantage là-dessus, car chacun sait qu'il y a autant de sens différents que de personnes et autant de cerveaux variés que de palais différents,

Tout cela prouve assez que les hommes jugent d'après la disposition de leurs cerveaux, et imaginent les choses plutôt qu'ils ne les conçoivent. S'ils avaient seulement compris la réalité des choses, ils en seraient déjà sinon attirés, du moins convaincus, comme ils l'ont été par les mathématiques. » (*Éth.*, p. I, appendix.)

Ces lignes, d'une profondeur de pensée admirable, constituent une vision de la réalité du monde, qu'on est loin de s'attendre à rencontrer au commencement du xviie siècle. Cependant, pour bien la comprendre, il faut se rendre compte que Spinoza, tout en constatant l'habitude que les hommes ont, de revêtir les objets du monde extérieur d'attributs qui ne leur sont pas inhérents, n'explique pas l'origine de cette habitude et la considère comme un fait prouvé par l'évidence même. Au début du passage que nous venons de citer, il dit lui-même qu'il ne veut pas « remonter à la nature de l'intelligence humaine ». En cela il est rationaliste, c'est-à-dire, pour lui la conscience humaine est identique à la pure logique, et par cela il diffère de notre époque à qui Kant, Schopenhauer et les psychologues du xixe siècle ont donné une connaissance plus profonde des actes de pensée et de représentation.

2. De l'esprit humain.

Dans la seconde partie de son œuvre, intitulée *De natura et origine mentis*, Spinoza passe de la conception de l'univers à celle de la nature humaine. Dans cet ensemble grandiose que représentent les innombrables manifestations de la substance infinie, les corps et les idées sont tout ce que l'homme en connaît. Sa connaissance des corps et des idées est immédiate, car il est lui-même corps et sujet pensant. Les idées ne sont pas seulement des reflets de ce qui est leur objet, ce sont des modes indépendants qui ne correspondent aux modes de la matière étendue que parce qu'ils sont les manifestations de la même substance. Nous avons déjà signalé, dans sa conception de l'univers, le trait de génie de Spinoza qui, ne pouvant pas établir matériellement le monisme du monde, a trouvé dans l'idée de la cause première la base d'un monisme logique. De même, pour expliquer pourquoi la pensée n'est pas une phantasmagorie flottant dans le vide, mais une succession d'idées correspondantes à leurs objets matériels, Spinoza a trouvé dans l'unité de la substance le lien mystérieux qui unit la matière à la pensée. Un voile de ténèbres cache à l'humanité la totalité de cette substance dont les hommes ne connaissent que deux aspects qui s'excluent mutuellement dans la vision concrète du monde autant que dans la conscience personnelle de chaque individu[1]. Les modes de la matière étendue existent donc parallèlement aux modes de la pensée, sans lien causal entre les deux, mais présentant deux ordres de choses séparés et déterminés chacun par ses propres antécédents. Chaque corps se trouve motivé dans son mouvement ou dans son inertie par un autre corps et ainsi à l'infini[2]. Le corps humain est composé de corps différents dont quelques-uns sont liquides, d'autres durs, d'autres mous. Tous sont des corps complexes qui changent étant mis en contact avec d'autres corps. De même les idées qui constituent l'essence de l'esprit humain sont complexes. Les changements produits dans les corps s'appellent sensations (affections) et correspondent aux idées des sensations qui se produisent dans la pensée[3].

Telle est, dans la doctrine de Spinoza, l'unité

---

1. « Ordo et connexio idearum idem est ac ordo et connexio rerum. » (*Éth.*, p. II, prop. VII.)

2. « Corpus motum, vel quiescens ad motum, vel quietem determinari debuit ab alio corpore, quod etiam ad motum, vel quietem determinatum fuit ab alio, et illud iterum ab alio, et sic in infinitum. » (*Éth.*, p. II, lemma III.)

3. « Mens humana ipsum humanum corpus non cognoscit, nec ipsum existere scit nisi per ideas affectionum quibus corpus afficitur. » (*Éth.*, p. II, prop. XIX.)

« Mens se ipsam non cognoscit nisi quatenus Corporis affectionum ideas percipit. » (*Ibid.*, prop. XXIII.)

physique et psychique de l'homme. La substance universelle et invisible produit, dans une de ses infinies manifestations, la nature humaine, qui ne se reconnaît pas d'abord comme unité, mais comme un dualisme de corps et d'âme. Elle ne se connaît que dans une succession de sensations physiques et d'idées et n'arrive à la conception de leur unité, que par une voie purement logique et abstraite. Avant de passer à l'analyse des sensations, qui sera l'objet de la troisième partie de son œuvre, Spinoza s'arrête à l'analyse potentielle des idées, indépendamment de leur contenu. Il examine à quel point les idées contiennent et peuvent contenir toute la réalité qui leur correspond dans l'ordre de la matière. Il établit là-dessus une théorie très curieuse, en partant du principe que chaque idée est une manifestation dans l'ordre de la pensée, correspondante à un état physique. Cet état se trouve souvent être le résultat d'une succession d'états physiques très complexes, et l'idée qui lui correspond contient une notion du résultat, mais non pas nécessairement de tous les antécédents qui l'ont déterminé[1]. Telle est l'origine des idées incomplètes ou confuses, qu'il appelle inadéquates.

Parmi les idées confuses, se trouvent les idées que l'homme se fait des autres hommes et des

---

[1]. « Mens humana partium, corpus humanum componentium, adæquatam cognitionem non involvit. » (*Éth.*, p. II, prop. XXIV.)

autres corps dans l'univers[1], car il n'en connaît qu'un élément : l'impression produite par ce corps ou par cet homme sur son propre corps, tandis qu'il ignore les antécédents de ce résultat. Des idées confuses sont également celles qu'il a des affections[2] de son propre corps, car là encore il n'a que la notion du résultat et non des causes qui l'ont déterminé. Enfin, toute la vision concrète de l'univers et toutes les sensations impliquent une connaissance incomplète de la réalité. Pour avoir une connaissance réelle des choses, l'homme doit les considérer consciemment comme résultats de tous leurs antécédents, c'est-à-dire comme modes de la substance. C'est ce que Spinoza appelle connaître les choses en Dieu[3]. Même en reconnaissant que le point de départ de Spinoza, la conception de la substance, manque totalement de base empirique, on ne peut pas ne pas admirer qu'en partant de ce principe purement abstrait, Spinoza soit arrivé à des conclusions aussi profondes que celles que nous venons de signaler.

---

1. « Mens humana nullum corpus externum, ut actu existens, percipit, nisi per ideas affectionum sui corporis. » (*Éth.*, p. II, prop. XXVI.)

2. « Ideæ affectionum corporis humani quatenus at humanam mentem tantum referuntur, non sunt claræ et distinctæ, sed confusæ. » (*Éth.*, p. II, prop. XXVIII.)

3. « Omnes ideæ, quatenus ad Deum referuntur, veræ sunt. » (*Éth.*, p. II, prop. XXXII.)

Car lorsqu'il dit que la connaissance d'une chose, d'après l'idée de l'impression qu'elle produit sur nous, est une connaissance incomplète et confuse, il ne fait que signaler la relativité de l'idée qu'on se fait de l'univers comme objet des sens. Cela veut dire que le rouge ou le bleu n'existe pas en réalité, et n'est que la conscience de l'effet produit sur nous. Cela veut dire que le monde des formes et des couleurs n'existe que dans notre imagination. Ne se trouve-t-il pas être, en cela, un vrai précurseur de Schopenhauer? D'un autre côté, lorsqu'il dit qu'il faut connaître chaque chose comme résultat de ses antécédents et non pas comme « impression », ne montre-t-il pas, dans le lien causal, le vrai chemin qui conduit à la connaissance de la réalité, et n'est-il pas en cela un précurseur du positivisme ?

Il est évident que si l'on compare la « scientia inadæquata » de Spinoza avec le « monde comme représentation » de Schopenhauer, on constatera cette grande différence que, pour ce dernier, l'image de l'univers *est totalement et toujours fausse*, ayant passé par le prisme du cerveau humain, tandis que pour Spinoza elle *n'est fausse* que pour l'homme qui regarde les choses légèrement, sans concevoir leur vrai sens, et elle peut être corrigée par le raisonnement et par la juste compréhension des choses comme résultat de leurs antécédents. Schopenhauer, venu après Kant, et comprenant le rôle de la conscience humaine dans la faculté de la pensée, méconnaît le rapport de cette dernière à la réalité, tandis que Spinoza, plus d'un siècle avant Kant et ignorant le fondement réel de la pensée, en établit le vrai rapport à la réalité dans la formule immortelle que nous venons d'exposer. Il n'y a qu'à s'incliner devant la puissance de sa logique qui a créé cette formule, et l'on ne saurait mieux faire que de la transporter sur la base de la connaissance kantienne. Ce principe de voir dans les choses le résultat d'une série d'antécédents et non pas le simple équivalent de l'impression qu'elles produisent, a été complété par Spinoza dans ce sens, qu'une impression selon lui n'est pas nécessairement fausse en elle-même. Au contraire, elle est aussi réelle dans l'ordre mental, que l'état correspondant l'est dans l'ordre physique, seulement, le jugement de l'homme devient faux, quand l'homme croit que cette impression contient la réalité non seulement du corps qui reçoit l'impression, mais aussi de celui qui la produit. En cela nous sommes tout à fait d'accord avec lui. Prenons par exemple l'impression du son ou de la couleur : la Marseillaise ou la Madone Sixtine existent aussi réellement dans ma conscience, dans mon cerveau, que les phénomènes correspondants existent dans la nature comme résultats de la vibration de l'air et de la réfraction de la lumière. Cependant, il serait également faux de dire que l'impression de cet hymne et de ce tableau implique leur réalité intégrale dans la nature au point de vue physique. C'est ce que Spinoza a parfaitement reconnu en disant qu'en elles-mêmes les idées ne contiennent rien de faux[1] et qu'elles ne deviennent fausses que lorsque l'homme se trompe en établissant faussement leur rapport à ce qu'il croit être leurs objets[2]. C'est pourquoi l'on peut dire que Spinoza, sans posséder une conception de la pensée telle qu'elle existe depuis Kant, en a établi le rapport à ses objets avec une justesse admirable, et en a donné une formule éternellement vraie, car elle est basée sur les lois immuables de la pensée même.

Après avoir défini les *idées* comme manifestations ou modes de la substance universelle, et après avoir montré le lien qui les unit aux *choses*, qui sont des modes de la même substance, quoique perçue sous un aspect différent, Spinoza a établi le *rapport* qui peut exister entre les idées et les choses et qui produit la connaissance vraie ou la connaissance fausse (imagination). Avant de passer à l'analyse

---

1. « Nihil in ideis positivum est, propter quod falsæ dicuntur. » (*Éth.*, p. II, prop. xxxiii.)

2. « Falsitas consistit in cognitionis privatione, quam ideæ inadæquatæ, sive mutilatæ et confusæ involvunt. » (*Éth.*, p. II, prop. xxxv.)

des « affections » du corps et des « idées de ces affections » qui constituent le contenu des sensations, Spinoza s'arrête à la question de la volonté, par laquelle il achève l'exposition de la seconde partie de son œuvre. En effet, de son point de vue, la volonté doit logiquement faire partie de l'esprit humain, car, pour Spinoza, l'être humain ne se connaît que comme corps et comme esprit. Par conséquent, il définit la faculté de la volonté comme il venait de définir la faculté de la pensée, potentiellement et indépendamment de son contenu, avant de passer à l'analyse de ce que contiennent l'intelligence et la volonté humaines. Cette partie de sa doctrine est peut-être la plus surannée, car, manquant de connaissances psychologiques, Spinoza a complètement méconnu la nature de la volonté. Pour lui, la volonté n'est qu'une forme de la pensée, consistant en l'affirmation ou en la négation d'une idée [1]. Il ignore complètement la volonté comme force, comme énergie, car pour lui un désir n'est qu'une idée affirmative correspondante à une action [2] et la volonté même

---

1. « Verum, antiquam ulterius pergam, venit hic notandum, me per voluntatem affirmandi et negandi facultatem, non autem cupiditatem intelligere... » (*Éth.*, p. II, prop. XLVIII, schol.)

« Voluntas et intellectus unum et idem sunt. » (*Éth.*, p. II, prop. XLIX, corol.)

2. « In Mente nulla datur volitio, sive affirmatio et negatio, præter illam, quem idea, quatenus idea est, involvit. » (*Éth.*, p. II, prop. XLIX.)

n'existe pas en dehors des actes concrets de volition[1].

C'est ici que Spinoza apparaît dépendant de l'état des sciences positives de son temps. Le manque de connaissances psychologiques le laisse ignorant de l'essence même de la volonté autant qu'il est ignorant du rôle de la conscience humaine. Ce lien qui un jour montrera à l'humanité l'unité complète du physique et du moral, n'existe pas pour lui, et son clair génie reste bien, en ce point, entièrement déterminé par les données scientifiques de son époque.

3. Des sensations.

Dans la définition des sensations humaines, Spinoza part du principe déjà énoncé que l'esprit et le corps sont mutuellement indépendants dans leurs changements respectifs. Ce sont ces changements-là qu'il appelle « affectus » ou sensations, en considérant, par conséquent, séparément les sensations du corps et les idées de ces sensations. Les sensations comme idées peuvent être actives ou passives : elles sont idées actives, quand l'esprit conçoit

---

[1] « In Mente nulla datur absoluta facultas volendi et nolendi, sed tantum singulares volitiones, nempe hæc et illa affirmatio et hæc et illa negatio. » (*Éth.*, p. II, prop. XLIX, demonstr.)

les sensations comme déterminées par leurs antécédents, par contre, elles sont passives, quand l'esprit ne voit pas le lien causal et les croit déterminées par une cause extérieure. C'est ce que Spinoza appelle les « actions » et les « états passifs » de la pensée.

Arrivé à ce point, Spinoza s'arrête encore une fois pour rappeler aux lecteurs que ces idées des sensations, ni comme actions, ni comme états passifs de la pensée, ne sont aucunement déterminées par les corps. Si les idées correspondent aux sensations physiques, c'est parce que « l'Esprit et le Corps sont la même chose perçue, dans le premier cas, par l'attribut de la pensée, et dans le second, par l'attribut de l'extension. Il s'ensuit que l'enchaînement des causes est le même, soit qu'on le perçoive dans l'un ou dans l'autre attribut... » (*Éth.*, p. III, prop. II schol.), qui n'ont pas de lien causal entre eux. Pour mieux comprendre la différence entre les « actions » et les « états passifs » de la pensée, il faut les comparer à la connaissance vraie et à la connaissance fausse des choses. En elles-mêmes, les idées des sensations, comme les idées en général, sont toujours déterminées par la nécessité du lien causal et, par conséquent, impliquent toujours la réalité. Elles deviennent « passives », comme les idées en général deviennent « fausses », seulement quand l'esprit humain se trompe en les rapportant faussement à ce qu'il croit être les phénomènes correspondants dans l'ordre des choses. Par exemple, la sensation d'un fruit sucré ou aigre est une action de la pensée, quand cette dernière en conçoit la cause adéquate dans la nature humaine, et n'est qu'un « état passif » de la pensée quand elle attribue la douceur ou l'aigreur exclusivement au fruit.

Après avoir établi d'un côté la notion des *sensations physiques*, et d'un autre, celle des *idées de ces sensations*, Spinoza commence leur analyse dans la nature humaine. Il prend pour point de départ l'axiome logique, que chaque chose qui existe, a une tendance naturelle à persévérer dans son existence [1] et ne peut être détruite que par une cause extérieure [2]. Logiquement, c'est contenu dans l'axiome qu'entre l'affirmation ou la négation d'une chose, il n'y a pas de troisième solution ; c'est-à-dire l'affirmation de l'existence ne peut pas contenir d'éléments de sa négation. Cet axiome logique a son équivalent, dans l'ordre physique, dans la loi de l'inertie. En partant de ce principe, Spinoza dit que la tendance à la conservation de

---

1. « Unaquæque res, quantum in se est, in suo esse perseverare conatur. » (*Éth.*, p. III, prop. VI.)
2. « Nulla res, nisi a causa externa potest destrui. » (*Éth.*, p. III, prop. IV.)

l'existence étant le fond même de l'être humain, les sensations, dans leurs rapports avec cet élément fondamental, ne peuvent agir qu'affirmativement ou négativement, c'est-à-dire en l'augmentant ou en le diminuant. Voici encore un trait de génie de Spinoza qui, ignorant la nature humaine au point de vue psychologique et physiologique, a su trouver une base purement logique et éternellement vraie pour construire sa théorie des sensations. En effet, quel que soit le fond biologique de la nature humaine, l'action des sensations se réduit, en dernier lieu, à l'affirmation ou à la négation de ce que nous appelons maintenant « le vouloir vivre », et que Spinoza exprime par les mots « in suo esse perseverare conari ». Pour lui, tous les changements que les sensations produisent dans la nature humaine, se réduisent, d'un côté, à l'augmentation ou à la diminution de la puissance d'agir du corps, et, d'un autre côté, au changement correspondant de la puissance d'agir de la pensée [1].

Cette tendance à la conservation de l'existence se produit dans la pensée et dans le corps, et l'unité de ses deux manifestations dans la nature

---

1. « Quidquid corporis nostri agendi potentiam auget, vel minuit, iuvat, vel coërcet, ciusdem rei idea mentis nostræ cogitandi potentiam auget, vel minuit, juvat vel coërcet. » (*Eth.*, p. III, prop. XI.)

humaine est ce que Spinoza appelle *désir*[1], appetitus vel affectus cupiditatis. La volonté, par contre, n'est que l'élément du désir, qui existe dans la pensée.

L'augmentation du désir produit la sensation de la *joie* affectus lætitiæ, la diminution produit la sensation contraire, la *tristesse* affectus tristitiæ. Le *désir*, la *joie* et la *tristesse* sont les sensations fondamentales de la nature humaine dont toutes les autres ne sont que les conséquences.

Partant de ce principe, que tout changement dans la nature humaine se réduit à l'augmentation ou à la diminution du « vouloir vivre », Spinoza trace le tableau suivant de la vie humaine : l'homme, étant mis en rapport avec les autres hommes et avec les choses du monde extérieur, s'habitue graduellement à les juger selon les sensations de joie ou de tristesse qu'ils produisent. Il en résulte que l'idée d'un être ou d'une chose s'associe dans son esprit à l'idée de l'affirmation ou de la négation de son vouloir vivre... c'est ce qu'il appelle désirer ou éviter, aimer ou détester quelque chose. Petit à petit, il s'habitue à attribuer,

---

1. « Hic conatus cum ad mentem solam refertur, Voluntas appelatur ; sed cum ad Mentem et Corpus simul refertur, vocatur appetitus qui proinde nihil aliud est quam ipsa hominis essentia. Deinde inter appetitum et cupiditatem nulla est differentia nisi quod cupiditas ad homines plerumque referatur, quatenus sui appetitus sunt conscii... » (*Eth.*, p. III, prop. IX, schol.)

aux choses mêmes, les sensations qu'il en reçoit, et à nommer bonnes, celles dont l'idée produit l'effet positif et mauvaises, celles dont l'idée a un effet négatif sur son instinct fondamental [1].

En réalité, dit Spinoza, il n'y a pas de choses bonnes ou mauvaises en elles-mêmes, il n'y a que des sensations positives ou négatives qui en résultent. Par conséquent, on ne peut pas dire que les hommes désirent une chose parce qu'elle est bonne; mais pour comprendre la réalité des choses, il faut dire que les hommes appellent une chose bonne parce qu'ils la désirent, c'est-à-dire, parce que l'idée de cette chose s'associe dans leur esprit à l'idée d'une sensation positive. Il s'ensuit que l'*Amour* n'est autre chose que la sensation de *joie* accompagnée de *l'idée de sa cause*, et la *haine* est la sensation de tristesse accompagnée également de l'idée de sa cause [2]. Telle est, pour Spinoza, l'origine des sentiments de l'amour et de la haine, qui sont d'autant plus forts que l'esprit en conçoit plus clairement la cause. Souvent, cependant, la conscience de cette cause est tellement confuse que

---

1. « Constat itaque ex his omnibus nihil nos conari, velle, appetere neque cupere, quia id bonum esse judicamus ; sed contra nos propterea aliquid bonum esse judicare, quia id conamur, volumus, appetimus atque cupimus. » (*Éth.*, p. III, prop. IX, schol.)

2. « Amor nihil aliud est quam Lætitia concomitante Idea causæ externæ et Odium nihil aliud quam Tristitia concomitante Idea causæ externæ. » (*Éth.*, p. III, prop. XIII, schol.)

l'homme ressent une attraction ou une aversion instinctive ; c'est ce qu'on appelle avoir de la sympathie ou de l'antipathie pour quelqu'un [1]. Ces deux sensations, la joie et la tristesse, et les deux sentiments qui en résultent, l'amour et la haine, se développent grâce à la faculté de la nature humaine que l'on appelle mémoire, et qui permet de conserver l'idée de la sensation passée avec autant d'intensité que celle de la sensation actuelle. Il s'en suit que l'homme peut prévoir dans l'avenir, la réapparition des sensations passées et même les attendre. C'est ce qui donne naissance à l'*espoir* et à la *crainte* de quelque chose, comme aussi à l'état de *sécurité morale ou d'inquiétude*. En effet, l'*espoir* n'est autre chose que la *joie* accompagnée de l'idée d'une sensation future, tandis que la crainte est la tristesse dans les mêmes conditions. Une conscience plus confuse de ces sensations produit soit la *sécurité morale*, soit l'*inquiétude*. Enfin, les mêmes idées se rapportant aux choses passées produisent soit le *contentement moral*, soit les *remords de conscience* [2]. Sur la base

---

1. « Hinc intelligimus, qui fieri potest, ut quaedam amamus, vel odio habeamus, absque ulla causa nobis cognita ; sed tantum ex Sympathia (ut ajunt) et Antipathia. » (*Éth.*, p. III, prop. xv, schol.)

2. « Spes nihil aliud est quam quam inconstans Laetitia orta ex imagine rei futurae de cujus eventu dubitabimus. Metus, contra, inconstans Tristitia, ex rei dubiae imagine etiam orta. » (*Éth.*, p. III, prop. xviii, schol. 2.)

de ces sensations de la joie, et de la tristesse, dont nous venons d'examiner le rapport au passé et à l'avenir, Spinoza construit tout un système de sentiments qui se développent dans la nature humaine. Tous proviennent de l'association d'idées diverses, à ces deux sensations fondamentales. Il examine les sentiments que fait naître le dommage de l'objet aimé, ou de l'objet haï, ensuite la douleur de la personne aimée, ou de la personne haïe, et il établit les notions de *commisération*, de *bienveillance*, d'*indignation*[1], etc., etc.

Ensuite, passant à l'examen des sentiments envers soi-même, il définit la sensation joyeuse de se voir une cause de joie, qu'il appelle *orgueil*, et la sensation contraire qu'il appelle *honte*[2].

Enfin, Spinoza arrive à la description des sentiments qui ont une origine plus compliquée; par exemple, il établit une loi morale selon laquelle l'amour grandit en proportion de l'attrait que la personne aimée produit sur les autres, et diminue, au contraire, si elle ne trouve que de l'indifférence autour d'elle[3]. Il définit le désir de s'approprier

1. *Eth.*, p. III, prop. xxii, schol.
2. *Ibid.*, p. III, prop. xxx, schol.
3. « Si aliquem imaginamur amare, vel cupere vel odio habere aliquid quod ipsi amamus, cupimus, vel odio habemus, eo ipso rem constantius amabimus, etc. Si autem id, quod amamus, cum aversari, imaginamur, vel contra, tum animi fluctuationem patiemur. » (*Eth.*, p. III, prop. xxxi.)

les choses qui plaisent aux autres [1] et le désir de provoquer l'amour dans la personne qu'on aime [2]. Il dépeint l'orgueil de l'homme qui se sait aimé [3] et sa jalousie envers tous ceux qui peuvent partager l'amour dont il veut être l'unique objet [4]. Ces définitions, dont nous n'avons cité que quelques-unes, sont très curieuses comme essais de psychologie et elles contiennent des pensées d'une profondeur et d'une vérité extraordinaires. Tous ces sentiments sont ce que Spinoza appelle « états passifs » de l'esprit, car si l'homme les considérait comme nécessaires et déterminés par le lien causal de l'univers, il ne pourrait ni s'en réjouir, ni s'en attrister. Mais comme il n'en reconnaît pas les causes adéquates, il s'en affecte de toutes les manières que nous venons d'examiner et, ajoute Spinoza, ces sensations sont aussi nombreuses que les objets qui les produisent [5]. Spinoza cite comme exemples : la luxure, l'ébriété, l'avarice, l'ambition et il s'arrête dans cette énumération, disant qu'elle peut aller à l'infini, comme la quantité d'objets qui peuvent produire l'amour ou la haine. Cependant, Spinoza n'exclut pas pour

---

1. *Éth.*, p. III, prop. xxxii.
2. *Ibid.*, p. III, prop. xxxiii.
3. *Ibid.*, p. III, prop. xxxiv.
4. *Ibid.*, p. III, prop. xxxv.
5. *Ibid.*, p. III, prop. lvi.

l'homme la possibilité de concevoir la cause adéquate des sensations, et alors au lieu « d'états passifs », ce sont des « actions » de la pensée qui en résultent. Spinoza les désigne toutes sous le nom de *force morale* qui se rapporte à soi-même ou aux autres [1]. Dans le premier cas, nous nous trouvons en présence de la tempérance, de la sobriété, de la chasteté, etc. Dans le second cas, il s'agit de la modestie, de la clémence, de la générosité, etc.

Tel est, pour Spinoza, le mécanisme de la nature humaine, dont il a reconnu et expliqué le fonctionnement avec une logique et une justesse admirables. Il est vrai que dans cet ensemble, il y a quelques rouages qu'il ne comprend pas ; mais cela ne l'a pas empêché de les prendre comme quantités égales à x, et d'établir avec beaucoup de précision les rapports des autres rouages. La quantité inconnue pour lui est, en premier lieu, la conscience humaine : il ne reconnaît pas en elle l'unité du physique et du moral, « l'immédiation du réel et du senti », le trait d'union entre la vie animale et la pensée. Cependant, il arrive à y suppléer par l'idée indéterminée de la substance

---

[1]. « Omnes actiones quæ sequuntur ex affectibus, qui ad Mentem referuntur, quatenus intelligit, ad Fortitudinem refero, quam in Animositatem et Generositatem distinguo... Eas itaque actiones quæ solum agentis utile intendunt ad Animositatem et quæ alterius etiam utile intendunt ad Generositatem refero. » (*Eth.*, p. III, prop. LIX, schol.)

dans laquelle il trouve l'unité logique qui lui manque. La substance, cette quantité inconnue et indéfinissable, crée l'unité non seulement de l'être humain, mais aussi de tout l'univers. Comme elle a une base logique immuable, elle peut servir à Spinoza de point d'appui ferme et sûr pour le développement de son système. Il arrive ainsi à établir la loi de la connaissance humaine et une théorie des sensations d'une vérité psychologique frappante. Nous pouvons même aller plus loin et dire que si l'unité matérielle de l'univers, exprimée par le terme logique de la substance, lui est restée cachée à tout jamais, il est parvenu, en analysant la nature humaine, à découvrir, dans l'être humain, l'élément fondamental de son unité. Mais les connaissances scientifiques de son temps étaient trop insuffisantes pour lui permettre de le reconnaître également pour élément fondamental dans l'unité de l'univers. Nous voulons dire par là, qu'en prenant pour un axiome logique, que chaque être, autant qu'il existe, a une tendance naturelle à conserver son existence, Spinoza a découvert cet élément fondamental qu'il appelle « appetitus » et que nous préférons nommer le « vouloir vivre ». Seulement, il ne l'a reconnu que dans sa forme consciente, dans le désir, et l'a totalement ignoré, comme instinct et comme une force vitale qui se manifeste dans le monde entier.

4. De la servitude humaine.

Voilà devant nous, exposé dans les trois premiers chapitres, le tableau de l'océan humain s'étendant à perte de vue et continuellement agité par les vents contraires des passions. Comme les vagues de l'Océan, les sensations viennent se heurter continuellement contre d'autres sensations, les désirs, contre d'autres désirs, et l'homme est emporté par la nécessité comme une épave voguant sur les flots Il croit pouvoir diriger sa vie, vouloir, choisir, chercher le beau, éviter le mal ; mais il se trompe, car il ne fait que s'agiter, et c'est l'enchaînement des circonstances qui le mène. Tant que l'homme croit être libre, en suivant ses goûts et ses passions, il vit dans une espèce de fantasmagorie, dans une vision de l'univers, sans se douter de sa réalité, ni des causes qui déterminent ses propres actions. C'est cet état-là que Spinoza a voulu dépeindre, dans la quatrième partie de son œuvre, sous le nom de « servitude humaine ». Il ne s'agit pas du lien de nécessité qui détermine tout dans l'univers, mais de cette vision imaginaire de la vie dont les hommes croient dépendre. Il s'agit donc d'une servitude imaginaire, basée sur la connaissance confuse des choses et sur la violence des passions qui en dérivent. Pour caractériser cette connaissance inadéquate, nous ne saurions mieux faire que de citer les termes mêmes de Spinoza, dans lesquels il établit la notion vraie et fausse du bien et du mal, de la perfection et de l'imperfection. « Quand un homme veut faire quelque chose, dit-il, et qu'il arrive à la réalisation complète de son désir, non seulement lui, mais tous ceux qui connaissaient ou croyaient connaître ses plans, trouvent le résultat parfait. Par exemple si l'on voit une construction inachevée, sachant que le plan était de construire une habitation, on aura une impression d'imperfection, et, par contre, on la jugera parfaite, sitôt qu'on la verra achevée et adaptée à ses fins.

Si, par contre, l'on voit pour la première fois une œuvre, n'en ayant jamais vu de pareille, et si l'on ne connaît pas le dessein de son créateur, d'après ce que nous venons d'établir, on ne pourra pas dire si elle parfaite ou imparfaite. Telle a dû être la signification primitive des mots : parfait et imparfait. Mais quand les hommes commencèrent à s'habituer aux idées générales des choses, par exemple aux idées de maisons, d'édifices, de tours, etc., et à établir une comparaison entre ces idées et les objets concrets du monde extérieur, il est arrivé qu'ils appelèrent parfaits les objets qui correspondaient aux idées abstraites qu'ils s'en étaient faites, et imparfaits, tous ceux qui en différaient. Telle a été la raison pour laquelle ils s'habituèrent à appeler parfaites ou imparfaites, même les choses de la nature qui n'ont pas été faites par la main des hommes. C'est arrivé, parce que les hommes, ayant des idées générales de tout ce qui se trouve dans la nature, les ont attribuées, avec leurs buts imaginaires, à la nature même, croyant que la nature, dans son action créatrice, se les propose comme modèles. De cette manière, voyant dans la nature quelque chose qui diffère de la conception qu'ils s'en sont faite, ils croient voir une erreur de la nature et jugent la chose défectueuse et imparfaite. Voilà comment les hommes sont arrivés à appeler les choses de la nature parfaites ou imparfaites, selon leurs propres préjugés. Nous avons déjà montré, dans l'appendice à la première partie de cette œuvre, que la nature n'a pas de but, que l'Être infini et éternel, appelé Dieu, est identique à la nature, et enfin que l'action de la nature est déterminée par une nécessité absolue. Il s'ensuit que ni l'existence de la nature, ni le sens de ses actions n'impliquent aucun but. Ce que les hommes appellent but ou cause finale, n'est en réalité que le désir qui a été cause primaire d'une chose ou d'une action. Par exemple, quand on dit que la cause finale de telle maison est l'habitation, on ne fait que signaler la cause qui en a déterminé la construction, c'est-à-dire, dans le cas présent, le désir joint à l'idée d'une habitation commode...

Il faut donc reconnaître que la perfection et l'imperfection ne sont en réalité que des modes de la pensée qui résultent de la comparaison que nous établissons entre l'idée abstraite et générale d'une chose et la chose concrète.

Pour moi, dit Spinoza, au contraire, la perfection d'une chose est identique à sa réalité. Quant aux notions du bien et du mal, ce sont également des modes de la pensée, qui se forment par la comparaison, sans exprimer aucunement la réalité des choses. Car la même chose peut être en même temps bonne, mauvaise et indifférente. Par exemple la musique est bonne pour un homme mélancolique, mauvaise pour un malade, et ni bonne ni mauvaise pour un sourd [1]... »

Après avoir montré les notions adéquates du bien et du mal, de la perfection et de l'imperfection, Spinoza dit que la plupart des hommes ne les possèdent pas, et qu'ils se forment, de toutes choses, des idées confuses et inadéquates.

Comme son intention est de déterminer à quel point les hommes sont asservis à leurs passions, il établit également le sens inadéquat, c'est-à-dire usuel, de ces termes. Par conséquent, il dit que la perfection et l'imperfection, dans ce cas-là, représentent le plus ou moins grand rapprochement

---

1. *Éth.*, p. IV, præfatio.

d'une chose de l'idéal que les hommes s'en font, et que les termes du bien et du mal sont équivalents à la plus ou moins grande utilité des choses aux fins que les hommes leur attribuent.

En réalité, les choses ne sont donc ni bonnes, ni mauvaises en elles-mêmes ; toutes les qualités que les hommes leur attribuent, sont créées par leur imagination qui fait surgir autour de l'homme tout un monde de valeurs conventionnelles.

Après avoir établi le principe de ces valeurs dans la science inadéquate, Spinoza dépeint comment les hommes arrivent à les former. Il montre comment tous les faits de la vie, indifférents en eux-mêmes, sont jugés par les hommes comme bons ou comme mauvais. Il montre la joie [1] et la gaieté [2], avec toutes les sensations qui s'y rattachent, considérées toujours comme bonnes et désirables ; par contre, la tristesse [3], la mélancolie [4], la haine [5], l'envie [6], la colère et toutes les sensations négatives, jugées toujours mauvaises. Il montre quelles sensations, jugées bonnes en elles-mêmes, peuvent devenir mauvaises par leurs excès et engendrer l'idée du mal. Tels sont l'amour et le

---

1. *Éth.*, p. IV, prop. XLI.
2. *Ibid.*, p. IV, prop. XLII.
3. *Ibid.*, p. IV, prop. XLI.
4. *Ibid.*, p. IV, prop. XLII.
5. *Ibid.*, p. IV, prop. XLV.
6. *Ibid.*, p. IV, prop. XLV, corol.

désir [1]. Il serait inutile d'énumérer les autres sensations, comme le mépris, l'orgueil, la commisération, l'humilité, etc., qui font paraître la vie bonne ou mauvaise. Il suffit d'avoir exposé le principe d'après lequel se forment les jugements, les détails ne présentant qu'un intérêt secondaire. En général, toute cette partie de l'*Éthique* s'efface à côté des autres, car, après avoir exposé le principe sur lequel reposent les jugements erronés, qui rendent l'homme esclave de ses passions, Spinoza, en décrivant le pouvoir de ces dernières, méconnaît le rôle de la volonté dans l'organisme humain. Étant donné que pour lui la volonté n'existe pas comme force et ne représente que la direction affirmative ou négative de la pensée, il ne peut pas établir à quel point l'homme peut résister à ses passions.

Après avoir montré tout ce qu'il y a de faux dans la vision du monde créée par l'imagination humaine, Spinoza est incapable d'expliquer à quel point l'homme subit cette vision. Lorsqu'il parle du combat que les passions se livrent dans l'organisme humain [2], de leur puissance comparative selon qu'elles se rapportent à un fait présent [3], passé ou seulement possible dans l'avenir [4], on

---

1. *Eth.*, p. IV, prop. xliv.
2. *Ibid.*, p. IV, prop. vii.
3. *Ibid.*, p. IV, prop. xvii.
4. *Ibid.*, p. IV, prop. xvi.

sent le manque du vrai fondement psychologique, autant que dans toute sa théorie de la volonté. Cela n'empêche pas que sa définition des fausses valeurs morales, que nous avons citée textuellement, soit profondément vraie et tout à fait extraordinaire pour l'état des sciences positives de son temps. Dans ce chapitre de la servitude humaine, Spinoza a montré à l'humanité la relativité des qualités morales, comme il avait montré, dans le chapitre précédent, la relativité des qualités physiques. Par cela il était tellement au-dessus de ses contemporains qu'il en est resté incompris ! De notre point de vue, c'est un fait digne de la plus grande admiration que d'avoir montré, deux cents ans avant Schopenhauer, que le monde des formes et des couleurs, du bien et du mal, n'existe que dans notre imagination. Il l'a constaté comme un fait basé sur la faculté de la pensée, sans pouvoir le rattacher à l'essence même de la nature humaine, par suite du manque des connaissances psychologiques et physiologiques. Ne connaissant de la nature morale de l'homme que la pensée, Spinoza montre le moment où elle faiblit sous l'influence des passions, mais il ne parvient pas à sonder cette faiblesse. C'est pourquoi, tout ce qui suit la constatation de ce fait ne présente qu'un intérêt historique, et, après avoir esquissé la suite de ses idées dans ce chapitre, nous pouvons ne pas nous arrêter à l'exposition des détails, et passer à la conclusion de son œuvre que présente l'état de la « liberté humaine ».

5. DE LA LIBERTÉ HUMAINE.

Dans la cinquième et dernière partie de l'*Éthique*, Spinoza expose la possibilité pour l'homme de se libérer de ses passions et de la fausse vision du monde qu'elles produisent. Il appelle cet état, opposé à celui que nous venons d'examiner, l'état de « liberté humaine ». N'oublions pas qu'être libre veut dire, pour Spinoza, agir selon sa nature, sans être déterminé par des causes extérieures, et que dans ce sens il n'y a que la substance qui puisse être nommée libre, tandis que toutes ses manifestations sont nécessairement déterminées. L'homme, étant un mode de la substance, est également déterminé dans son existence et dans toutes ses actions. Cependant, généralement, il est inconscient de ce déterminisme qui règle sa vie, mais vivant dans un monde créé par sa propre imagination, il croit agir sous la pression de ses passions et de sa volonté. Après avoir exposé à quel point toute cette vision de la servitude humaine est fausse en réalité, Spinoza a conclu que la seule liberté possible pour l'homme est l'affranchissement de cette

servitude imaginaire. Du moment qu'il en est
libéré, il atteint le suprême degré de liberté qui lui
soit accessible : la conscience d'être mode déterminé d'une substance libre. Il suffit pour cela
d'avoir une idée adéquate de sa propre existence et
de ses actions. Chaque état physique et moral cesse
d'être une passion, cesse de déprimer l'instinct fondamental de notre vie, dès que nous le reconnaissons comme étant nécessaire et déterminé par ses
antécédents [1], et il n'y en a pas un dont nous soyons
incapables d'avoir une idée adéquate [2]. Du moment
que nous avons la ferme persuasion que les choses
ne dépendent de la volonté de personne, nous ne
pouvons en vouloir de ce qui arrive ni aux autres,
ni à nous-mêmes, ni à Dieu. Tous les sujets de
ressentiment, de rancune et de tristesse dispa-
raissent immédiatement. On ne peut pas être fâché
contre la mer qui est houleuse, ni contre les rayons
du soleil qui brûlent trop fort ! Pourquoi le serait-
on dans d'autres cas, puisque toute la vie est déterminée par la même nécessité ? D'un autre côté, la
conscience d'être indépendant de la volonté arbitraire des autres, détruisant tout sujet de colère et
de tristesse au dehors, produit un effet de force et

---

1. « Affectus qui passio est, desinit esse passio, simulatque eius claram et distinctam formamus ideam. » (*Éth.*, p. V, prop. III.)

2. « Nulla est Corporis affectio, cuius aliquem clarum et distinc-tum non possumus formare conceptum. » (*Éth.*, p. V, prop. IV.)

de joie en dedans de l'homme. Plus l'homme se rend *libre* de la vision du monde créée par son *imagination*, plus il voit s'affermir sa connaissance réelle des choses fondée sur la *raison* et sur l'*intuition*. Spinoza s'arrête surtout à l'intuition, qu'il avait déjà définie dans la seconde partie, en parlant de l'intelligence humaine [1], et il nous la montre comme quelque chose qui constitue l'essence même de la pensée. Rappelons-nous maintenant que son génie lui avait déjà montré dans le « désir », l'essence de l'être, dont il n'a pas reconnu le vrai rôle dans l'univers. Le voici de nouveau près du voile sacré qui cache la divinité, l'éternelle, la divine substance. S'il peut soulever ce voile, il la connaîtra dans son second attribut, dans la pensée. Mais tous ses efforts auraient été vains, car l'appui positif de la psychologie lui manquait. Guidé par son inébranlable logique, il dit que la pensée humaine doit contenir un élément primordial et éternel. Il en voit la preuve dans le fait qu'avec la destruction d'une chose concrète, l'idée de cette chose ne disparaît pas. La substance ne contient pas seulement la réalité, mais aussi la possibilité de toutes choses. Les axiomes mathématiques et logiques, inhérents à l'esprit humain, prouvent

---

1. « Præter hæc duo cognitionis genera datur... aliud, tertium quod *scientiam intuitivam* vocabimus. » (*Éth.*, p. II, prop. XL, schol. 2.)

que la pensée n'a pas de commencement et qu'elle est toujours identique à l'Être. Ce troisième genre de connaissance n'est ni l'imagination, ni le raisonnement, mais l'évidence et l'intuition ; c'est la faculté primordiale qui doit être éternelle comme la substance même. Ce n'est pas le propre de tel et tel individu, et cela ne peut être détruit avec son corps [1]. Plus l'esprit humain se laisse influencer par l'imagination, plus il s'affaiblit et tombe sous la domination des sens ; plus au contraire il agit par l'intuition et par le raisonnement logique, plus il s'affermit et approche de l'éternelle vérité. C'est ce que Spinoza appelle connaître l'univers dans sa réalité éternelle, *sub specie æternitatis* [2], ou connaître l'univers « en Dieu ». Cette connaissance-là, montrant la vie humaine indépendante de la contingence, produit, comme tout fatalisme, une grande sérénité de l'âme, c'est-à-dire une sensation de joie accompagnée de l'idée de Dieu, comme en étant la cause première [3]. Spinoza appelle cet état d'âme :

---

1. « Mens humana non potest cum corpore absolute destrui ; sed ejus aliquid remanet, quod æternum est. » (*Éth.*, p. V, prop. XXIII.)
2. « Quidquid Mens sub specie æternitatis intelligit id ex eo non intelligit, quod Corporis præsentem actualem existentiam concipit : sed ex eo quod corporis essentiam concipit sub specie æternitatis. » (*Éth.*, p. V, prop XXIX.)
3. « Quidquid intelligimus tertio cognitionis genere, eo delectamur, et quidem concomitante idea Dei, tanquam causa. » (*Éth.*, p. V, prop. XXXII.)

Amour intellectuel de Dieu[1]. Tel est le sommet moral duquel Spinoza contemple l'humanité. On ne peut pas ne pas aimer Dieu, si on le comprend dans sa réalité, car il est identique à l'univers et à la vie, et l'amour de la vie constitue le fond même de la nature humaine. L'idée de Dieu, comme source éternelle de vie, est donc une sensation joyeuse que l'homme éprouve chaque fois qu'il a une notion adéquate de la vie. Ensuite, comme il voit le même principe de vie réalisé dans les autres hommes qu'il voit subjugués à la même nécessité de l'existence, il ne peut pas non plus détester en eux ce principe de vie qu'il aime en lui-même, il s'en suit que partout où il le retrouve, ce principe de vie, s'alliant à l'idée de lui-même, des autres hommes et de l'univers, produit en lui une sensation joyeuse que Spinoza appelle « amour intellectuel ». Pourquoi haïr ou envier les autres hommes, puisqu'ils ne sont pas responsables de leurs actions? Peut-on haïr le chêne qui s'écroule au risque de vous écraser, ou la vague qui fait chavirer votre bateau? Pour Spinoza, qui méconnaît le rôle de la volonté dans l'univers, la conception de la vie, avec son enchaînement mécanique de causes et d'effets, ne peut produire qu'une sensation joyeuse. L'égoïsme, la

---

1. « Ex tertio cognitionis genere oritur necessario Amor Dei intellectualis. » (*Éth.*, p. V, prop. xxxii, corol.)

haine, l'envie ne sont que des conséquences de l'imagination erronée qui attribue aux actions des hommes un sens qu'elles n'ont pas en réalité. Cet amour intellectuel de Dieu ne s'adressant pas à un être concret, ne cherche pas de réciprocité. Cependant on peut dire, et Spinoza le dit, que Dieu, ayant le désir de vie, aime [1] la vie et les hommes, comme tous les hommes qui ne sont pas asservis aux passions, s'aiment [2] mutuellement [3]. Quand Spinoza parle de l'amour de Dieu, il n'entend par ces deux mots rien moins que l'amour chrétien. Pour lui c'est une image qui est équivalente au « vouloir vivre » de la nature, à l'énergie vitale répandue dans tout l'univers. Toute la nature consciente éprouve la joie de vivre. Tel est le sens de ces mots : Dieu s'aime d'un amour intellectuel.

Chaque fois que l'homme arrive à la hauteur de cette conception de la vie, il ressent une grande force morale et une parfaite sérénité d'âme. Il devient maître de ses passions et la conscience de ce fait produit l'état moral que Spinoza appelle

---

1. « Deus se ipsum Amore intellectuali infinito amat. » (*Éth.*, p. V, prop. xxxv.)

2. « Mentis Amor intellectualis erga Deum est ipse Dei Amor, quo Deus se ipsum amat... » (*Éth.*, p. V, prop. xxxvi.)

3. « Hinc sequitur, quod Deus, quatenus se ipsum amat, homines amat et consequentur quod Amor Dei erga homines et Mentis erga Deum Amor intellectualis unum et idem sit. » (*Éth.*, p. V, prop. xxxvi, corol.)

béatitude[1]. Telle est la dernière conclusion de sa philosophie dans laquelle le sage trouve l'identification de la vie intellectuelle et de la vie physique. Il n'y a plus de dualisme entre le corps et l'âme, plus de désaccord entre les désirs charnels et les principes de la pensée. L'idéal du sage, dépeint par Spinoza, est d'autant plus éloquent qu'il l'a réalisé lui-même dans la vie. Si nous l'envisageons à ce point de vue, nous pouvons dire que dans cette partie, sa doctrine se trouve expliquée et justifiée par son caractère. S'il lui manque une connaissance profonde de la volonté et une conception plus précise du vouloir vivre, nous en trouvons la justification dans sa personne. Son corps, miné par une longue maladie, était si faible en comparaison de sa pensée si puissante, que pour lui, en effet, elle représentait toute la vie morale de l'homme. Ses lettres et les récits des témoins de ses dernières années nous le montrent ayant atteint cet idéal et vivant dans la béatitude d'une vie purement contemplative, que ni la haine fanatique de ses adversaires, ni le danger de la mort ne purent troubler.

---

1. « Beatitudo non est virtutis præmium sed ipsa virtus ; nec eadem gaudemus, quia libidines coercemus, sed contra quia eadem gaudemus, ideo libidines coercere possumus. » (*Éth.*, p. V, prop. XLII.)

CHAPITRE V

CONCLUSION

Pour juger l'ensemble de l'œuvre que nous venons d'analyser dans ses détails, il faut se rappeler la conception logique du monisme, qui forme la partie centrale du système, et qui en constitue le trait caractéristique.

Dans la première partie, nous avons signalé l'idée de la *cause première* (p. 165) qui avait comblé l'abîme entre la matière et la pensée *dans la conception de l'univers*. Ne pouvant pas établir empiriquement le monisme du monde, Spinoza a été forcé de le déduire du principe logique de la cause première. Tel a été son point de départ.

Dans la seconde partie, nous avons vu que l'idée de la *substance* (p. 180) lui a permis d'établir l'unité de l'âme et du corps *dans la conception de l'individu*. La cause première étant une substance aux infinies manifestations, c'est l'idée d'un mode de la substance, qui constitue le monisme logique de la nature humaine, en expliquant l'absolue identité des idées et des sensations physiques qui se correspondent tout en étant mutuellement indépendantes. Là aussi le manque de connaissances physiologiques et psychologiques a été comblé par un principe logique.

Dans la troisième partie, c'est l'idée du *désir* (p. 191) qui forme *l'unité du « moi » dans toutes ses manifestations actives ou passives*. Après avoir trouvé dans la substance l'unité statique, Spinoza trouve, dans le désir, l'unité dynamique de la nature humaine. Comme les phénomènes physiques et les phénomènes psychiques présentent deux ordres de faits totalement hétérogènes, Spinoza n'aurait pas pu expliquer leur interaction dans les actes concrets de l'homme, s'il n'avait pas reconnu que toutes les sensations et toutes les pensées convergent vers le même moment logique: elles ne peuvent qu'affermir ou affaiblir la tendance naturelle de tout ce qui existe, la tendance à persévérer dans l'existence. Spinoza la déduit de l'axiome logique que l'affirmation d'une chose ne peut pas impliquer sa négation[1]. Cette tendance, qu'il appelle désir, « appetitus », constitue, selon lui, l'essence primordiale de toute existence réelle, et, par conséquent, de tout être vivant. Là

---

1. *Éth.*, p. III, prop. IV et VI.

encore, un concept logique supplée à l'insuffisance des sciences positives.

Enfin, dans la dernière partie, c'est l'idée de *l'intuition* (p. 208) qui permet à Spinoza d'établir *le rapport spéculatif de l'homme à l'univers*. Il ne suffisait pas de déduire l'unité objective de l'un et de l'autre, il fallait encore rendre possible leur interaction spéculative et active. Si Spinoza ne voyait dans tous les phénomènes de la vie que des modes finis d'extension ou de pensée, toute la vision concrète de l'Être se réduirait, dans sa doctrine, à un chaos de moments contradictoires de volition et à une fantasmagorie de sensations confuses. On n'aurait jamais pu en déduire l'unité active du « moi », ni un tableau intelligible de l'univers. Spinoza est arrivé à établir l'unité du « moi » en réduisant toutes les perceptions transmises par les sens, au principe logique du désir; il arrive à la conception de l'univers en reconnaissant que les idées des choses expriment non seulement leur existence phénoménale, mais aussi leur essence éternelle. Il déduit cette connaissance intuitive du fait logiquement prouvé que les idées des choses sont aussi réelles que les choses matérielles mêmes[1], ce qui lui fait con-

---

1. « In Deo datur necessario idea quæ huius et illius corporis humani essentiam sub æternitatis specie exprimit. » (*Eth.*, p. V, p. XXII.)

clure que l'esprit humain implique non seulement le contenu changeant, mais aussi l'essence éternelle des idées, et que par là il peut embrasser la totalité de l'Être.

Ces quatre termes logiques :

1° La cause première ;

2° La substance ;

3° L'essence de l'être physique exprimée par le désir ;

4° L'essence de la pensée exprimée par l'intuition, donnent toute la mesure du génie de Spinoza. Né à une époque où la synthèse philosophique des connaissances positives ne donnait qu'une conception dualiste du monde, il a su trouver, dans la logique, le point d'appui nécessaire que la vision concrète de l'univers ne pouvait pas lui donner. La force de sa pensée a été si grande, qu'il a pu remplacer, par des termes logiques, les données empiriques qui lui manquaient.

Grâce à cela, Spinoza a créé un système que l'on peut considérer comme une manifestation éclatante de la tendance au monisme, inhérente à l'esprit humain. En lui, cette tendance instinctive s'est trouvée assez forte pour aboutir à une conception moniste qui était prématurée pour l'état des sciences positives de l'époque. Ce monisme ne pouvait pas être prouvé empiriquement, il était même en contradiction directe avec la vision concrète de la vie. C'est pourquoi, les plus hautes conceptions de Spinoza, comme celles de la substance, de l'unité de la nature humaine, ainsi que le déterminisme de l'univers, parurent incompréhensibles à ses plus sincères admirateurs et disciples.

Rien de plus éloquent, sous ce rapport, que la lettre qu'il écrivit à Oldenbourg en 1675. Ce dernier lui avait écrit en le priant d'éclaircir trois questions : du rapport qu'il voyait entre Dieu et la nature, de la valeur des miracles et de la croyance en Jésus-Christ. Spinoza écrivit, en réponse, les lignes suivantes :

« Pour te découvrir mon point de vue sur les trois questions que tu signales, je te dirai *premièrement* que ma conception de Dieu et de la nature diffère totalement de celle que défendent généralement les chrétiens modernes. Je vois notamment en Dieu la cause immanente de tout, mais non pas transcendante, comme eux. Je dis que tout existe en Dieu et se fait par Dieu, comme le dit Paul, et peut-être même comme tous les philosophes de l'antiquité qui seulement l'expriment d'une autre façon... Quant à l'opinion de ceux qui affirment que le but du *Traité théologico-politique* est de prouver que Dieu est identique à la nature dans le sens d'une masse ou matière, ils sont dans la plus profonde erreur. *Ensuite,* en ce qui regarde les miracles, je suis persuadé que la révélation divine ne peut se faire que dans la sagesse, et non pas dans les miracles qui sont basés sur l'ignorance... *Enfin,* pour exprimer plus clairement mon opinion sur la troisième question, je dirai qu'il n'est pas du tout nécessaire pour le salut de croire en Christ au point de vue charnel ; au contraire il ne faut voir, dans le fils de Dieu, que la sagesse éternelle de Dieu qui se manifeste en toutes choses, surtout dans la pensée humaine, et qui s'est manifestée le plus dans Jésus-Christ. Car personne ne peut arriver à l'état de béatitude autrement que par la pensée qui seule montre ce qui est vrai ou faux, bon ou mauvais.... Quant à ce que disent certaines Églises, que Dieu aurait pris l'aspect humain, j'ai exprimé clairement que je ne comprends pas ce qu'elles veulent dire. Je confesse même que cela me paraît aussi absurde que si quelqu'un me disait que le cercle a pris la forme du carré. Là-dessus je m'arrête, car je crois avoir donné une explication suffisante à ces trois questions [1]. »

Dans la réponse d'Oldenbourg, datée du 16 décembre de la même année, nous voyons que l'ex-

---

[1]. Epistola LXXIII, éd. van Vloten.

plication donnée par Spinoza était au-dessus de l'intelligence de son ami; Oldenbourg était trop imbu des croyances religieuses pour qu'il lui fût possible de suivre la pensée du philosophe sur les hauteurs où elle conduisait l'humanité. Et notez que pourtant c'était un savant et qu'il avait acquis, depuis de longues années, l'habitude de traiter avec Spinoza des questions philosophiques.

Depuis, les progrès des sciences positives, les découvertes dans le domaine de la physique, de la chimie, ainsi que le développement de la physiologie et de la psychologie ont comblé les lacunes qui existaient à l'époque où vivait Spinoza. De notre point de vue, le monisme de Spinoza, tout en restant incomplet, peut être complété dans les parties qui manquaient de fond empirique sans qu'on soit forcé de changer ses définitions logiques. C'est là qu'est la vraie grandeur de son système. La théorie de l'énergie biologique, la réduction du son et de la chaleur au principe du mouvement, la décomposition des corps, qu'avant on jugeait simples, amène progressivement la définition empirique de ce que Spinoza appelait la substance. L'étude de la volonté dans les êtres conscients, comparée à l'énergie vitale dans les animaux et dans toute la nature, découvre ce principe du « vouloir vivre » répandu dans tout l'univers que Spinoza appelait « désir-appetitus ». Ensuite, la psychologie moderne montre, dans la conscience, cette essence intellectuelle du monde dont Spinoza voyait une manifestation dans ce troisième mode de la pensée qu'il nommait intuition. Enfin, n'avons-nous pas dans le principe des « idées-forces » de M. Alfred Fouillée, l'immédiation du physique et du moral, le « vouloir vivre » devenu « conscient » qui achève l'unité de cette substance universelle dont la définition logique constitue un véritable trait de génie de Spinoza. Si l'on se demande comment il a pu arriver que Spinoza ait donné une définition logique de ce qui lui était empiriquement inconnu, nous dirons que cela s'explique clairement du point de vue de l'évolution qui se produit dans la conscience humaine. La philosophie étant née de la conception dualiste qui avait remplacé l'unité primitive et toute animale de la conscience, c'est le retour à l'unité, non plus instinctive, mais raisonnée qui est devenu le but de la philosophie. De tout temps l'homme a senti en lui l'unité du physique et du moral : tout d'abord il ne s'en rendait pas compte ; ensuite, lorsqu'il a commencé à raisonner, le principe même de la raison lui créa une vision du monde dualiste, c'est-à-dire toute différente, et il s'est trouvé incapable de la concilier avec sa conscience instinctive d'unité. La série de ses efforts pour atteindre ce but remplit l'histoire de la philosophie. Nous avons relevé, dans cette voie, les moments où son raisonnement s'est trouvé le plus près de son instinct. Ce fait s'est produit deux fois, dans les doctrines d'Aristote et de Hegel, par suite du développement progressif de la synthèse empirique, une fois, dans celle de Spinoza, prématurément au point de vue empirique. Cela ne s'explique que par la force de sa pensée qui a trouvé une base logique à son instinct naturel de monisme. C'est pour cela que sa doctrine présente la plus éclatante manifestation de la tendance au monisme qui, selon nous, constitue la loi fondamentale du développement de la conscience humaine.

FIN.

TABLE DES MATIÈRES

ESQUISSE D'UNE ÉVOLUTION DANS L'HISTOIRE DE LA PHILOSOPHIE.

CHAPITRE I. — CRITIQUE DES ÉTUDES HISTORIQUES DANS LE DOMAINE DE LA PHILOSOPHIE.	1
CHAPITRE II. — NOTRE POINT DE VUE.	17
CHAPITRE III. — ÉVOLUTION DE LA PHILOSOPHIE DANS LE MONDE ANTIQUE.	31
CHAPITRE IV. — ÉVOLUTION DE LA PHILOSOPHIE MODERNE.	57
CHAPITRE V. — RÔLE DE LA DOCTRINE DES IDÉES-FORCES.	83
CHAPITRE VI. — ORIENTATION ACTUELLE DE LA PENSÉE PHILOSOPHIQUE.	103

LE MONISME DE SPINOZA.

CHAPITRE I. — NOTRE POINT DE VUE.	127
CHAPITRE II. — ESQUISSE BIOGRAPHIQUE.	135
1. Le caractère de l'époque	135
2. L'esprit du temps	140
3. La vie de Spinoza	145
CHAPITRE III. — LES ŒUVRES DE SPINOZA.	155

CHAPITRE IV. — ANALYSE DE L' « ÉTHIQUE » 163
    1. De Dieu. 163
    2. De l'esprit humain. 180
    3. Des sensations. 188
    4. De la servitude humaine. 199
    5. De la liberté humaine. 206
CHAPITRE V. — CONCLUSION. 213

VERSAILLES, IMPRIMERIES CERF, 59, RUE DUPLESSIS.

www.ingramcontent.com/pod-product-compliance
Lightning Source LLC
Chambersburg PA
CBHW071934160426
43198CB00011B/1392